SECTION MANIPULATION

Jean-Marc Dufourg

SECTION MANIPULATION

DE L'ANTITERRORISME A L'AFFAIRE DOUCÉ

MICHEL LAFON

Pour des raisons évidentes de sécurité, les noms de quelques personnages encore en activité ont été volontairement changés.

Préface

Incarcéré pour un délit qu'il a commis avec le consentement tacite de ses chefs, l'inspecteur Jean-Marc Dufourg comprend que la hiérarchie policière veut lui faire endosser la responsabilité de l'enlèvement et probablement de l'assassinat du pasteur Doucé.

Le pasteur Doucé... Homosexuel intéressé par toutes les déviances, celui-ci a réussi à tisser en France un réseau de relations haut placées, d'où sa force et sa vulnérabilité. Quelqu'un avait intérêt à le faire taire.

Comme commanditaires possibles du meurtre, les écoutes administratives permettaient d'avancer le nom de deux personnages de la société civile plus puissants que des ministres. On comprend qu'une enquête dans ces milieux, défenseurs des droits de l'homme par-dessus le marché, pouvait avoir un effet déstabilisateur pour la démocratie, telle qu'on l'entend aujourd'hui.

Pour éviter ce danger « fasciste », il suffisait que Dufourg endossât la responsabilité d'un crime auquel il était parfaitement étranger. On s'arrangerait pour que cela apparaisse comme une bavure. L'État socialiste plaiderait efficacement son cas auprès de la Justice. Et au bout de quelques années – on lui avance le chiffre de deux – il sortirait de prison avec un petit pécule puisé dans les fonds spéciaux.

C'est ce marché qu'en venant me voir Dufourg a refusé.

***

Les souvenirs qu'on va lire sont ceux qui lui reviennent en mémoire au gré de ses balades en fourgon cellulaire, du Parquet de Nanterre à la prison de Bois-d'Arcy et de la prison de Bois-d'Arcy au Quai des Orfèvres. Ces récits picaresques constituent une extraordinaire et instructive plongée dans le monde glauque des renseignements généraux, devenus une véritable police politique au fil des ans et spécialement depuis la victoire de la gauche en 1981.

Depuis quelques années, les scandales financiers (fausses factures, délits d'initiés, magouilles diverses) ont montré aux Français comment les hommes politiques ont lié avec les délinquants en col blanc des relations tellement serrées qu'il est angélique de penser qu'elles puissent prendre fin un jour avant un nécessaire sursaut.

*Les souvenirs de Jean-Marc Dufourg, intéressants parce que c'est la première fois qu'un policier des renseignements généraux parle de ce qu'il a vu, montrent que les liens de l'*establishment *politique avec la pègre tout court sont aussi forts que ceux qu'il a tissés avec la pègre d'affaires.*

***

Jean-Marc Dufourg est venu vers mon cabinet parce qu'il m'avait surveillé. Mon indépendance et ce qu'il appelle mon courage l'ont séduit en dépit de la distance qui sépare nos deux vies.

De son côté, l'homme m'a plu par sa franchise. Utilisé par ses chefs dans une activité condamnable, il en ressort comme un canard sort d'une mare boueuse après s'être secoué, les ailes propres.

Coup de phare sur notre monde politique pourri jusqu'à la moelle, ce livre est aussi l'histoire d'une résurrection.

Jacques Vergès

Chapitre I

VENGEANCE D'ÉTAT

Dans la voiture de police qui me conduisait au tribunal de Nanterre, je contemplais fixement les menottes qui entravaient mes poignets. Ces bracelets de métal ne faisaient pas de moi un coupable, encore moins un prisonnier au sens courant du terme. Quelqu'un en haut lieu avait eu le tort de me les faire passer. J'ignorais qui. Cela importait peu, d'ailleurs : tôt ou tard, j'apprendrais la vérité. Mais ce personnage avait commis une grossière erreur. Il avait oublié que j'appartenais à une sale race de flics. Et le sale flic Dufourg n'était en fait que l'instrument d'un État qui n'hésitait pas, au nom de sa « raison », à fabriquer des types comme moi, puis à s'en servir. Parfois à tort et à travers.

Trahir un flic de mon espèce comporte des risques énormes. En me jetant dans les pattes de la justice, en dévoilant mon identité, une identité que je n'avais plus depuis que j'étais devenu un policier de l'ombre, en me collant sur le dos cette affaire Doucé qui s'étalait à la une des journaux, cet homme puissant et sans visage qui cherchait à « m'enchrister » venait en fait de me libérer. Une double question, cependant, me venait à l'esprit : l'avait-il fait sciemment, ou n'était-ce qu'une faute de stratégie ?

Inutile de le cacher : j'étais passablement énervé. Mais pas assez toutefois pour me laisser gagner par la colère. A force de remuer les mots, à force de retourner dans tous les sens les données de ce piège dans lequel j'étais tombé, j'espérais y voir plus clair. Mais chaque fois que j'essayais de reconstituer le fil des événements, je butais sur un certain nombre d'éléments qui me manquaient. Entre ce que j'apprenais par la presse – qui n'était pas toujours faux – et ce que je savais, j'avais l'impression d'entrer dans un scandale d'État qui me dépassait. Pire, devant la monstruosité de cette affaire dont j'étais à la fois l'un des acteurs et l'une des victimes, j'avais la sensation que l'on me projetait au cœur d'un roman de série noire. Et Dieu sait si j'en avais lu, de ces satanés polars !

Cela me faisait sourire, mais je devais en convenir : je me retrouvais dans la peau de ces héros solitaires victimes de toutes les trahisons et en butte à une foule de points d'interrogation. Pourquoi voulait-on m'écarter ? Qui avait pris cette décision ? Qui était en train de mettre en scène l'affaire Doucé ? A qui profitait la disparition du pasteur ? Les questions s'entrechoquaient dans ma tête, avec d'autant plus de violence qu'elles étaient sans réponse. Et quelles questions ! Tous les ingrédients classiques d'un roman de gare se trouvaient réunis. A tel point que ça en devenait caricatural.

Car le scénario que le destin m'avait concocté n'avait rien d'original. Il était même d'une banalité effroyable à mon goût. Depuis que j'appartenais aux renseignements généraux, les fameux R.G., j'en avais vu de plus belles. Des boulots encore plus tordus, plus boueux que cette stupide affaire d'enlèvement dont on tentait de me rendre responsable.

Je n'ai aucune honte à me définir comme un sale flic.

Ce qui ne veut pas dire un mauvais flic. Au contraire. Depuis que je déployais mes talents au sein de cette police un peu particulière que sont les renseignements généraux, j'avais réussi suffisamment de missions pour penser que mes patrons m'avaient à la bonne. Ils me l'avaient d'ailleurs prouvé par des lettres de félicitations, et en me confiant avec un collègue la tête d'une équipe que j'animais jusqu'à ces derniers temps : le groupe manipulation au sein du G.E.R., le groupe des enquêtes réservées de la préfecture de police. Mes patrons, en fait, appréciaient le flic et ses méthodes : ils se fichaient bien de l'homme Dufourg.

Ce qu'on appelait aujourd'hui l'affaire Doucé avait démarré quelques mois plus tôt, sur un ordre. On m'avait confié un objectif qui se bornait à infiltrer le milieu homosexuel et plus particulièrement le petit monde clandestin des pédophiles. Rien d'extraordinaire, une mission comme une autre, dans la droite ligne des enquêtes assez spéciales que l'on confiait à mon service. Des enquêtes que nous menions à bien, mes collègues et moi, en employant presque toujours la même technique décomposée en trois phases distinctes : recrutement, manipulation et infiltration, arrestation. Un travail on ne peut plus simple, au moins dans sa conception.

Dans la plupart des cas, le recrutement d'un informateur consiste d'abord à définir notre terrain de chasse aussi finement que possible. Plus notre cible est précise, plus nos chances de réussite sont grandes. Pour ce dépistage, nous avons recours aux innombrables fiches qui constituent notre documentation. Ces fameuses fiches R.G. qui, à mes yeux, retracent le curriculum vitae de toute une nation. Rassemblées sous la forme de dossiers établis en cinq ou six exemplaires et répartis entre les différents services, ces fiches représentent pour nous un champ d'investigation incomparable. Chaque dossier est constitué de notes, d'indications parfois anodines, d'enquêtes de moralité, de rapports établis par les R.G. de province, d'indiscrétions relevées par-ci par-là, aussi précieuses pour la police qu'une pelle pour un chercheur d'or. Pour les enquêtes policières classiques, elles consituent déjà une aide très appréciable; pour des flics comme moi, elles deviennent des armes redoutables; et pour les dirigeants d'un État une perpétuelle menace brandie contre leurs concitoyens, leurs ennemis politiques et parfois même contre leurs « amis » du même bord. Les fiches R.G., somme toute, sont une intrusion permanente et légale de la police dans la vie privée de chacun, personne ou presque n'échappant au regard pervers de l'État. Faits et gestes se trouvent consciencieusement notés, classés, triés et rapportés. L'anonymat, en France, n'existe pas. Car tout le monde est fiché, ou presque. Les politiciens, les journalistes, tous ceux qui touchent de près ou de loin aux métiers de la communicaction, les imprimeurs, les commerçants, les délégués syndicaux, les responsables d'associations, les communistes... tout le monde.

Avant de s'offusquer des fiches ténébreuses de la *Securitate* roumaine, certains feraient mieux de se demander dans quelle mesure les nôtres, mises au service d'une prétendue démocratie, ne sont pas plus redoutables. Certains pays situés à l'est de nos frontières, parmi les moins démocratiques, nous les ont souvent enviées. Et nous les jalousent encore...

Ces fiches ont des utilités diverses. Elles s'avèrent aussi indispensables aux R.G., quand ils cherchent à faire pression sur quelqu'un, qu'aux fonctionnaires bien honorables de « Paris-Amendes 2e Division » lorsqu'ils veulent savoir si Untel est solvable ou si tel autre peut être saisi pour non paiement de procès-verbaux. Et pour tous, elles se révèlent d'une efficacité prodigieuse.

***

Ma mission officielle consistait à démanteler un éventuel réseau de pédophiles. Pour ce faire, on m'avait aiguillé sur l'entourage du pasteur Doucé, de l'ex-pasteur Doucé devrais-je dire. Au vu de son dossier, il s'agissait d'un homme contesté, le genre de gars qu'on n'a aucun remords à piéger. Par principe, d'ailleurs, je n'avais pas d'états d'âme. En l'occurrence, je n'avais pas de scrupules à perdre, et c'est le cœur léger que j'avais démarré cette enquête. Le monde des pédophiles... Un grand voyage dans l'univers sordide des désaxés, des pervers, des ordures qui collent des enfants dans leur lit. Réaliser une affaire sur leur dos n'était pas pour me déplaire. Mais encore une fois, ce n'était qu'un travail de routine.

Pour pénétrer ce milieu, je devais faire appel à la méthode habituelle : l'infiltration proprement dite. Je m'étais donc chargé de recruter un informateur. Il me fallait un « mulet », un indic que je pourrais dénicher au sein même du groupe qui gravitait autour du pasteur, afin qu'il nous procure ce que je visais : l'heure, la date et le lieu d'une partouze de pédophiles. Quelle meilleure façon de traiter une affaire de pédophilie qu'un joli et incontestable flagrant délit ?

J'avais obtenu le nom de mon informateur par le biais de nos petites fiches, et plus précisément par une information établie par la section presse des renseignements généraux et transmise à mon service par voie hiérarchique. Il me restait à localiser l'homme, le convaincre, lui faire un peu peur au besoin, et à le téléguider jusqu'à ce qu'il nous amène exactement là où nous souhaitions nous faufiler.

Mais pour joindre cet homme, il me fallait d'abord un relais ! Je ne pouvais pas aller le trouver tout de go et lui mettre le marché en main sans le connaître. Je devais dénicher quelqu'un qui pourrait se rendre à la librairie du pasteur, prendre contact avec l'informateur pressenti, m'indiquer ses habitudes et le moyen de le rencontrer.

Un de mes collègues, affecté dans une section différente de la mienne, me donna le nom d'un certain Pierre Didier, m'indiquant qu'il avait déjà fait de l'information dans une autre affaire antiterroriste et que, par ailleurs, il était homosexuel. Sa fiche ne le stipulait pas – les fiches ne stipulent pas toujours ce genre de détails – et je n'avais pas le temps de contrôler ce renseignement... De là viendront des difficultés et des rebondissements imprévus.

Le plan était établi comme à l'accoutumée : recrutement de Didier, puis de l'autre « indic », manipulation des individus et enfin la troisième phase. La moins amusante, bien que restant l'aboutissement d'une manipulation orchestrée au nom de la loi, de la moralité ou de la raison d'État : la descente de police dans les règles. Flagrant délit, arrestations, puis les tribunaux, les condamnations, sans oublier le déchaînement de la presse... Ça, c'était l'épilogue réglementaire de toute enquête, la partie légale en somme, sur fond de Glaive et de Balance. Sauf qu'aux R.G., nous n'entendions pas le terme « balance » de la même façon.

Quoi qu'il en soit, cette affaire bouclée, on m'en confierait une autre et voilà tout. Hiérarchiquement, je laisserais mon supérieur ramasser les lauriers dus à son rang. Que cela soit juste ou non m'importait peu : il saurait les porter mieux que personne. Mon directeur s'appelait Bardon. Avant même d'aboutir à l'épilogue théoriquement sans surprise de ma mission « pédophilie », j'imaginais Bardon narguant son collègue de la police judiciaire, le célèbre Sanguy, que nous avions déjà coiffé au poteau dans une affaire de drogue conclue, quelque temps auparavant, selon nos métodes habituelles. Tout cela, à l'époque, me mettait du baume au cœur. Je partais du principe que lorsque mon directeur était content, tout le monde était content. Je ne suis pas du genre compliqué.

Mais ce que j'ignorais, en commençant ma tentative de « retournement » sur Didier, c'est que nous ne connaîtrions jamais la troisième phase de cette opération. Ce que j'ignorais, c'est qu'entre-temps le pasteur disparaîtrait. Je ne savais pas non plus qu'un journaliste de *Libération* – par quelle indiscrétion ? quel téléguidage ? – apprendrait deux mois et demi après les événements que nous avions fait pression sur le petit Didier. Il est vrai que ce dernier, à un certain moment, refusa de travailler pour nous. Une manœuvre d'intimidation s'imposait et j'avais tiré dans sa porte, ce qui allait me valoir mon inculpation. Et cette inculpation allait lier mon nom à celui du pasteur. Un pasteur retrouvé mort, décomposé en forêt de Rambouillet. Comment aurais-je pu imaginer pareil coup de théâtre au début de mon enquête ? Comment aurais-je pu deviner quoi que ce soit à l'époque ?

Certes, maintenant que j'avais les menottes aux poignets, je commençais bien à imaginer, peut-être, un début d'explication...

***

Mais présentement, après trente heures de garde à vue dans les locaux de la brigade criminelle, quai des

Orfèvres, je pénétrais mains entravées dans le palais de justice de Nanterre, tribunal compétent pour une infraction ayant eu lieu à Sèvres, où habitait Didier. D'un couloir à l'autre, oubliant l'affaire elle-même, j'écoutais le bruit de mes pas, et celui des deux gardes mobiles qui m'escortaient. Cela peut paraître surprenant mais, sur l'instant, mon unique source d'inquiétude était de savoir si quelque chose avait changé dans ma démarche. Avant d'être présenté au juge qui allait m'inculper, je redoutais l'apparition d'une première faiblesse. Le début d'une hésitation qu'en bon professionnel je savais fatale. Il ne fallait surtout pas flancher. Jusque-là, je m'étais accroché sans trop de mal à l'idée qu'après tout, j'avais fait et je continuais de faire mon boulot de flic : cette idée m'avait protégé, rendu inaccessible à l'émotion, presque indifférent au sort que l'on m'avait réservé. Je me sentais même plutôt fort. Mon nom avait beau être sali dans la presse, je n'avais pas à rougir des méfaits dont on me suspectait, je n'avais pas à me justifier, ni même à me culpabiliser. Je n'étais pas un de ces ripoux démasqués qui voit soudain toutes ses combines dévoilées.

Il n'en restait pas moins qu'il fallait tenir le coup. Je savais par expérience que tout homme a ses failles : depuis huit ans j'en jouais, de ces failles humaines, comme sur un clavier. Je manipulais, je compromettais des personnes qui n'avaient pas pu tenir le pari de leur sauvegarde. Or, pour assurer la mienne, il me fallait départager lucidement chacun de mes deux personnages : l'homme Dufourg et l'inspecteur Dufourg. Le premier était un être humain comme les autres, avec sa part de fragilité. Le second était une machine de guerre que l'on cherchait à détruire. Le premier ne devait en aucun cas prendre le pas sur le second. Ou alors les deux mourraient.

D'où l'importance particulière que j'attachais à ce premier examen critique de ma démarche : ma foulée avait bien gardé son aplomb. Cette constatation amena même sur mes lèvres un vague sourire satisfait : trente heures de garde à vue, trente heures de questions-réponses, trente heures à supporter le poids d'une « vengeance d'État » n'avaient en rien entamé mon moral ni mon équilibre physique. Sans parler de performance, il y avait quand même de quoi se féliciter.

Au fond, d'ailleurs, j'avais toujours su que viendrait le jour où l'on me ferait porter un chapeau qui n'était pas le mien, le jour où je servirais de bouc émissaire. Des affaires comme celle du pasteur Doucé, où le manipulateur (moi, en l'occurrence) devient le manipulé, j'en avais connu bon nombre en huit ans de loyaux services au royaume des renseignements généraux. Toujours opérer sur le fil du rasoir, le plus souvent en marge des lois, jouer le tout pour le tout : cela ne pouvait durer éternellement. Je n'étais pas naïf au point de ne pas connaître les risques du métier. Je m'étais fait à l'idée qu'un jour ou l'autre je pourrais être inculpé, arrêté, jeté en prison. Cependant l'important pour moi n'avait jamais été de tirer des plans sur l'avenir mais de me montrer efficace lors de chaque mission.

Maintenant que le piège s'était refermé sur moi, je me sentais juste un peu fatigué. Mais fatigué comme quelqu'un qui n'a pas dormi. Je n'étais pas abattu et je n'avais pas peur. La machine de guerre était intacte.

– Attendez ici...

La voix du garde mobile paraissait sans consistance comparée à celles que j'avais entendu chanter à la « Crime » pendant ma garde à vue. Je fus presque étonné de sa douceur. Nous étions enfin arrivés devant le bureau du juge. Le juge Nelly Delfosse. Son nom, écrit sur la porte, ne me disait pas grand-chose. Et même, à la réflexion, rien du tout. J'avais beau fouiller dans ma mémoire, j'étais incapable d'associer ce nom à la plus petite affaire. Non sans ironie, je me pris à regretter de n'avoir pas pu consulter, avant notre entretien, nos trop fameuses fiches. Elles me manquaient. J'avais contracté la bonne habitude de les explorer de fond en comble avant de rencontrer qui que ce soit. Informateurs, collègues de bureau, voisins, parents proches, ministres... C'est fou ce qu'elles m'avaient rendu comme services ! En particulier quand certaines conversations tournaient à la partie de cache-cache. Savoir, c'est déjà dominer. Grâce à mes fiches, je jouissais face à mes interlocuteurs d'une assurance comparable à celle du tricheur professionnel qui connaît le dessous des cartes. En tout cas, à ce moment même, j'aurais aimé en connaître un peu plus sur le compte de mon juge. Des petites choses utiles : sa carrière, deux ou trois détails de sa vie privée... Je ne m'en serais pas servi, bien sûr, pas contre un juge, mais cela m'aurait permis de voir cette Nelly Delfosse en transparence. Enfin, quand je dis que je ne me serais pas servi de mes fiches... Peut-on vraiment se débarrasser d'un tic professionnel ?

Mais l'heure n'était pas à la plaisanterie. Je ne savais rien de mon juge et, à vrai dire, c'était même la première fois que je mettais les pieds au parquet de Nanterre. Cela peut paraître étonnant pour un policier, mais mon rôle ne me conduisait pas souvent à taper des procédures en cinq exemplaires avant de déférer des prévenus. Les auditions, les rapports, je les laissais aux autres. Aux vrais flics. A ceux qui se soucient de la loi, qui la respectent et la font respecter. Moi, à part remplir à la sauvette des fiches de renseignements ou des rapports ultraconfidentiels adressés au ministre sur papier libre, tout ce que je connaissais de la loi c'était la façon de la contourner sans se faire remarquer; au royaume de certaines sections des renseignements généraux, la fin justifie les moyens.

En attendant mon juge, donc, je regardais les murs sans fenêtre qui m'entouraient. Machinalement, je consultai ma montre. Il était à peine vingt heures. Dehors, la nuit devait être tombée. Je me mis à penser à Huguette, ma femme, restée seule à la maison. Je me souvins, comme d'un vieux rêve, que nous devions partir en vacances ce matin même. La pauvre... Elle ne devait rien comprendre à toute cette histoire. Je l'imaginais désarmée, rongée par l'angoisse, et je regrettais de ne jamais lui avoir vraiment expliqué ce que je faisais dans la vie. Elle savait que j'étais policier, soit. Un fonctionnaire de police, comme on dit. Mais j'avais peut-être eu tort de ne pas lui avouer que j'appartenais à un service un peu particulier. En lisant mes exploits dans les colonnes des journaux parisiens, elle avait dû recevoir un choc. Je la plaignais... Mais je m'interdis aussitôt de trop penser à elle. Je devais rester fort et ne pas me laisser gagner par les sentiments.

Je chassai de mon esprit l'image de mon épouse pour refaire le point de la situation. Si l'affaire Doucé demeurait ténébreuse, mon inculpation dans l'affaire Didier était, elle, imminente.

Lors de ma déposition dans les bureaux de la Criminelle, j'avais pu me rendre compte que, contrairement à toutes les règles, cette inculpation avait été décidée dans les sphères du ministère de l'Intérieur. Je le savais parce que j'avais quasiment vu les négociations aboutir par téléphone à la « Crime ». Et lorsque la décision de me mettre à l'écart fut prise au bout du fil, je ne doutai pas qu'une chaude « recommandation » me concernant avait été adressée au ministère de la Justice. Et cette « recommandation » n'avait sans doute pas manqué d'être transmise, par la voie hiérarchique, au juge qui allait m'auditionner.

Cette quasi-certitude me laissait une vague impression d'inutilité : quelle que soit mon attitude, les jeux étaient faits. A la Criminelle, déjà, j'avais rassemblé mes notions de droit pénal et calculé mes risques. J'étais d'ores et déjà résolu à m'acquitter de ma peine sans me laisser déstabiliser. C'est-à-dire sans que cela m'atteigne en profondeur, sans que la privation de liberté ait une chance de me détruire. Sans sourciller, en somme, ce qui ne signifie pas sans réagir.

Certitude réconfortante, je n'aurais pas devant le juge cette attitude du chapardeur qui implore le pardon en baissant la tête. Je n'avais aucune raison d'abandonner ma dignité ou ma fierté dans le bureau d'un juge d'instruction qui allait agir sur ordre, et non selon son intime conviction.

Je souris malgré tout en me disant que je m'étais fourré dans de beaux draps. Un sourire qui ressemblait à une grimace. J'adorais me mesurer à des situations complexes, mais celle-ci dépassait les bornes : les zones d'ombres étaient trop nombreuses. Comment allais-je me sortir de cette embrouille ? J'en connaissais un qui devait suivre le roman des événements avec un certain amusement : c'était Duran.

***

Je me souvenais de cette minute, sept ans plus tôt, où l'on m'avait annoncé sa venue. C'était au mois de juillet de cette terrible année 1983. A cette époque-là, je travaillais au ministère de l'Intérieur. J'appartenais à la section recherches des renseignements généraux. Ce fameux service que les socialistes avaient tant réprouvé lorsqu'ils se trouvaient dans l'opposition, et dont ils étaient à présent les patrons. J'étais ce qu'on appelle un enquêteur. Un tout petit enquêteur. Un soldat parmi d'autres.

Nos bureaux se trouvaient rue des Saussaies, à deux pas de l'Élysée, dans l'ombre du ministère de l'Intérieur. J'avais très vite acquis une connaissance éclairée du service auquel j'étais affecté. Ce n'était pas bien difficile. Les journées s'écoulaient toujours sur le même rythme, celui d'un train-train laborieux : filatures, surveillance rapprochée, ou autres planques interminables. Les renseignements généraux n'étaient pas à l'époque le fer de lance de la police, et ils n'étaient pas encore non plus dans les grâces présidentielles. Surtout qu'à ce moment-là, les gendarmes faisaient le forcing pour s'attirer les faveurs de l'Élysée. Nous, dans notre coin, nous roupillions tranquillement, en attendant des jours meilleurs. Nous remplissions nos missions avec tact et discrétion, un point c'est tout.

Il faut dire du reste qu'on ne nous demandait pas grand-chose. Le Président installé, ses hommes en place, nous avions récupéré les « dossiers » de chacun pour les remettre aux intéressés afin qu'ils fassent disparaître les feuillets scabreux qui les concernaient. Évidemment, quarante années de régime politique de droite s'étaient traduites chez nous par une accumulation de dossiers brûlants que les nouveaux arrivés n'avaient pas l'intention de laisser traîner plus longtemps. Ce ménage bien légitime – et propre à tout revirement de situation politique – avait été l'occasion d'un dépoussiérage massif de nos archives. Cela n'était pas pour déplaire à tout le monde : on allait enfin faire un peu de place et partir sur de nouvelles bases. Une sorte d'inventaire consciencieux avait été entrepris. Les dossiers passaient de main en main. Nous recevions des ordres pour que certains disparaissent de la circulation et nous obéissions scrupuleusement mais... faire des doubles à la photocopieuse nous prenait un temps fou !

Mis à part ce remue-ménage, rien n'avait changé dans nos habitudes jusqu'en cette année 1983 où la situation politique de la France n'avait rien de brillant. Un an plus tôt, l'attentat de la rue des Rosiers avait donné le départ d'une guerre abjecte, conduite par des terroristes venus de l'étranger. Pour une nation en paix, dépourvue de tout moyen de prévention, c'était un drôle de problème. Jour après jour, nous sentions un vent d'agacement traverser les couloirs du ministère. La lutte antiterroriste n'était pas chose facile. L'impuissance de tout un appareil policier devant ce qui n'était pas qu'un simple phénomène de délinquance mais une véritable guerre devenait flagrante. La Direction de la surveillance du territoire (la D.S.T.) et la Direction générale de la sécurité extérieure (la D.G.S.E.) faisaient tout ce qui était en leur pouvoir pour contrer cet ennemi invisible qui frappait au hasard. Mais, peut-être à cause de quelques remaniements malheureux, ces grandes maisons de l'ombre avaient perdu de leur efficacité. Or rien ne laissait penser que nous allions vers une trêve éventuelle, au contraire. Il n'y avait pas besoin d'être un augure pour deviner que la vague d'attentats irait en croissant. Une vague... une lame de fond, oui, allait s'abattre sur la France. Chaque matin, nous nous jetions sur les journaux. C'était encore dans la presse que nous en apprenions le plus, tant nous étions en dehors du coup. Et pourtant, à la section recherches, la lutte antiterroriste était notre vocation : il nous fallait agir, engager le combat. Si nous réussissions, nous aurions peut-être une chance de nous repositionner dans les faveurs de nos ministres, tout en ayant la satisfaction d'avoir fait cesser la menace. Mais comment s'y prendre ?

Le 15 juillet 1983, Paul Roux, notre directeur central

– qui restait l'un des hommes les plus puissants de la police même si la maison qu'il dirigeait n'était pas au mieux de sa forme – apprit avec stupéfaction, comme nous tous, qu'un attentat venait d'avoir lieu à Orly. Il y avait eu des morts, de pauvres victimes innocentes, brisées dans leur chair, au nom d'une bataille qui frappait aveuglément femmes et enfants. La rue des Rosiers, Orly maintenant, c'en était trop. Les coups de téléphone fusaient de toutes parts : c'était le signe qu'on ne pouvait plus se satisfaire en haut lieu de promesses. A cor et à cri, nos politiques réclamaient des renseignements, des résultats, des arrestations. Or nous étions à peine capables de leur fournir la liste des victimes.

Ce fut ce jour-là, en tout cas, que j'entendis parler pour la première fois d'un certain commissaire Duran...

D'un bureau à l'autre, on ne causait que de ça. Le directeur avait fait appeler Duran comme l'homme de la providence. Il devait arriver incessamment sous peu. Un souffle nouveau rafraîchissait l'air appesanti par le trop long sommeil de la rue des Saussaies. Il y avait de la réorganisation dans l'air. Duran, Duran : le nom sonnait comme une formule magique. Il inquiétait certains, en réjouissait d'autres, c'était bon signe et ça en disait déjà long sur les qualités de ce monsieur que je ne connaissais pas encore mais sur lequel j'avais bien l'intention de me renseigner sans attendre.

J'avais alors un bon copain dans les murs du ministère, un inspecteur qui s'appelait Michel Cartier. Avec le temps, il était devenu un ami. En sa compagnie et sous les ordres du commissaire principal Bordinat, je menais des actions qu'on nous avait timidement confiées. Bien qu'on n'attendît pas de notre part de grandioses résultats, nous avions commencé un vrai travail sur le terrain. Cela ne ressemblait pas encore à de la manipulation ni à de la compromission mais, d'une certaine manière, à une vague entreprise d'infiltration. Nous travaillions alors selon des méthodes très correctes. Légalistes : le commissaire Bordinat, ancien de la D.S.T., n'aurait pas toléré le moindre écart vis-à-vis de la loi. Nous avions obtenu quelques honorables succès, et je cherchais à montrer à mes supérieurs mon goût pour l'action, mon désir d'aller sur le terrain et non d'user mes fonds de pantalons dans les bureaux.

Michel Cartier connaissait de réputation le fameux Duran. Dans le passé, il avait même travaillé sur deux affaires avec ce commissaire dont il disait qu'il était hors normes. En m'en parlant, il se frottait les mains avec jubilation...

Il m'apprit que cet homme venait de Toulouse où, depuis 1974, il était à la tête de la section recherches locale, un service qu'il avait lui-même créé et qui s'était montré d'une efficacité exemplaire dans la lutte contre Action Directe. Selon Cartier, on devait audit Duran des victoires remarquables contre les agissements de l'extrême gauche française violente. C'était suffisant pour aiguiser ma curiosité : je décidai d'en savoir plus. Beaucoup plus. Quelque part, je pressentais que l'arrivée de ce monsieur allait changer bien des choses dans le cours de ma vie...

Je pris Cartier par le bras et lui proposai de l'inviter à déjeuner, afin qu'il me raconte tout ce qu'il savait sur cet homme. Toute la rue des Saussaies, à l'heure du repas, se donnait alors rendez-vous dans un bar-brasserie, le Saint-Laurent. C'était près du bureau, nous y allions machinalement, sans nous soucier du cadre ni de ce qu'on y mangeait. L'avantage, c'était la proximité et le fait de retrouver les copains qu'on saluait d'un hochement de tête en traversant la salle.

Michel Cartier accepta bien évidemment le gueuleton

et, en guise de hors-d'œuvre, se fit une joie de me raconter l'histoire d'une des plus belles manipulations montées par ce Duran : l'affaire Gabriel Chahine.

***

Cette affaire, Michel, qui n'a pas plus que moi la mémoire des dates, la situait grosso modo en 1980. On était à ce moment-là à quelques mois des présidentielles. Et deux individus irritaient prodigieusement les dirigeants de l'époque. Pour tout dire, il ne se passait pas un jour sans que leurs noms ne tombent sur nos télex. Leurs actions, dans le climat des élections toutes proches, n'étaient pas pour arranger les affaires du gouvernement en place. Depuis un bout de temps déjà, ces deux bêtes noires insaisissables fatiguaient tous les services de police. On avait beau les chercher, personne n'arrivait à les localiser. Ni la police judiciaire, ni la D.S.T., ni les R.G... Les gendarmes pas davantage. Ces deux personnages s'appelaient Rouillan et Ménigon. Jean-Marc Rouillan et Nathalie Ménigon : les chefs historiques d'Action Directe.

D'attentats en interventions armées, leurs noms revenaient de plus en plus souvent dans l'actualité. Une véritable plaie. De quoi déclencher les foudres du ministre de l'Intérieur et de quelques-uns de ses collègues : tous exigeaient que l'on arrêtât ces individus le plus vite possible. Cette arrestation était devenue, en 1980, l'obsession numéro un, la hantise des chefs de service, le truc à la mode. Cartier se rappelait que l'on ne pouvait pas croiser un type dans les couloirs de la rue des Saussaies sans qu'il réponde, quand on lui demandait sur quelle affaire il travaillait : « Rouillan et Ménigon ». Mais comment mettre la main sur des terroristes professionnels capables de changer d'identité comme de chemise, parfaitement organisés et que nul ne connaissait ? Personne n'avait de solution à ce problème.

Personne sauf le fameux Duran que l'on fit remonter de sa campagne toulousaine. On l'attendait comme le messie. Le directeur des R.G. le convoqua dès son arrivée et le chargea officiellement de cette délicate mission. Cartier me précisa que malgré le côté casse-tête de l'affaire, Duran ne se montra pas le moins du monde impressionné.

Il se mit au travail aussitôt. En bon policier, il rassembla d'abord toutes les informations qui pouvaient lui tomber sous la main puis, en excellent flic, il se mit en quête d'un homme qui allait devenir dans la lutte contre Action Directe une sorte de clé en or, un passe-partout magique. Cet homme, Duran le connaissait bien. Il l'avait rencontré en 1979 et avait travaillé avec lui dans la région toulousaine. Cet informateur s'appelait Gabriel Chahine. D'origine égyptienne, il avait vécu au Liban, qu'il avait fui à cause de la guerre qui faisait rage là-bas. Cartier me le décrivit comme un individu quelconque, de taille moyenne, le cheveu sale, éternellement mal habillé, la silhouette voûtée, un visage très typé, des yeux pétillants de malice. Chahine avait une seule particularité : il boitait. A Beyrouth, alors qu'il travaillait pour les services spéciaux égyptiens, il avait été fauché par une rafale de pistolet-mitrailleur et gardait les séquelles de ses blessures.

Quand il était arrivé en France, ou plus exactement à Toulouse, Chahine n'était pas passé inaperçu pour tout le monde, même si l'on n'avait pas déroulé le tapis rouge à sa descente d'avion. La D.S.T., bien renseignée, avait attiré l'attention de ses services sur le fait que ce petit homme détenait une connaissance parfaite des groupes extrémistes qui gravitaient à Beyrouth. Une information qui ne pouvait évidemment pas rester sans suite. Sans fiche... Ce renseignement de première main s'était traduit immédiatement par une enquête minutieuse, et un début de manipulation. Si un moment ce pauvre Chahine avait pensé qu'on l'autorisait à s'installer en France parce que la France était une terre d'asile soucieuse du respect des droits de l'homme, il y avait quelques policiers qui auraient pu lui expliquer qu'il s'était fourré le doigt dans l'œil. Ces mêmes policiers auraient pu aussi bien lui dire qu'il n'était pas le seul dans ce cas. Tous ceux qui venaient de Beyrouth, à l'époque, étaient soigneusement répertoriés à toutes fins utiles. Dans certains cas, on facilitait même l'intégration de ceux qui représentaient un intérêt particulier dans le domaine du renseignement.

Chahine fut donc, pendant un certain temps, tenu sous le coude par la D.S.T. Mais Duran, patron de la section recherches de Toulouse, se dit qu'il pourrait avoir en lui un informateur très intéressant. Il le piqua tranquillement à la D.S.T., qui dut en conséquence se passer de ses services. Il existe en effet une règle absolue dans la police et dans toutes les maisons qui s'y rapportent : un informateur ne sert qu'à un seul et unique service. C'est là un accord établi depuis longtemps entre la D.G.S.E., la D.S.T. et les R.G. Même si parfois on déroge à cette règle, en principe on ne partage pas un indic. Pour deux raisons, évidentes et liées. Un, si l'on veut tirer un maximum d'un indicateur, il faut que ce dernier n'ait affaire qu'à un seul contact, en qui il peut avoir confiance. Tandis qu'avoir confiance en plusieurs personnes... c'est plus difficile. Deux, il n'est jamais bon qu'un service partage le secret d'une enquête en cours avec un autre. L'histoire l'a prouvé maintes fois : deux services sur le même gibier, c'est la bavure assurée.

Duran récupéra Chahine sans trop de mal. Celui-ci n'était pas mécontent de se défaire des pattes de la

D.S.T. Il ne supportait plus ses anciens manipulateurs jugés trop formels, trop froids ou trop secs. Il préférait traiter avec Duran qu'il trouvait plus humain et moins « service-service ».

A Toulouse, donc, Chahine fréquenta « pour Duran » le milieu extrémiste de gauche d'où était issu Jean-Marc Rouillan, originaire de cette ville comme beaucoup d'autres militants d'Action Directe. Gabriel Chahine avait réussi à s'intégrer parfaitement à ce milieu. Aussi, lorsque Duran se vit charger de l'affaire Rouillan et Ménigon à Paris, en 1980, il pensa aussitôt à lui.

Il le fit venir à Paris. Chahine s'installa dans un petit atelier d'artiste où il se remit à peindre, comme il le faisait autrefois au Liban. Le problème, pour Duran, était de trouver les mots, et les arguments (on n'ose pas penser lesquels, plaisanta mon ami Michel) qui allaient convaincre son informateur de porter un grand coup à ses amis d'extrême gauche. Il y réussit, bien évidemment.

La tâche de Chahine était d'autant plus facile qu'il connaissait personnellement Rouillan, qu'ils étaient même amis, et que Nathalie Ménigon, bien que de nature très méfiante, le tutoyait et l'avait pris en sympathie.

J'écoutais mon copain Cartier, médusé. Ainsi donc, tandis que des dizaines de policiers cherchaient à mettre la main sur Rouillan et Ménigon en s'en remettant presque au hasard, quelque part en France il y avait au moins un individu capable de « loger » ceux qui étaient en passe de devenir les ennemis publics numéro un. Et Duran, à l'époque, avait sous la main cet homme providentiel ! Et il allait s'en servir ! Épaté, séduit, j'étais en train de comprendre que la manipulation d'informateurs éclairés était finalement plus simple et plus efficace que la traditionnelle enquête de police.

Mais je n'étais pas au bout de mes surprises : Cartier poursuivait son récit et je pus me rendre compte que Chahine n'était pas une exception dans la chasse aux informateurs magistralement conduite par le commissaire Duran. En 1978, toujours à Toulouse, celui-ci avait tout bonnement recruté le propre garde du corps de Jean-Marc Rouillan ! Un certain Angel Marques, connu dans les services sous le surnom de « Coca ».

Au sein d'Action Directe, Coca n'avait à proprement parler aucun rôle politique. Son travail consistait à protéger Rouillan lors des attaques à main armée qui reconstituaient le trésor de guerre du groupe terroriste lorsque celui-ci s'épuisait. Elles servaient à financer les attentats et assuraient la vie du groupe : location d'appartements et autres dépenses.

Duran et Coca avaient passé un accord particulièrement original. Chaque fois que Rouillan attaquait une banque ou tout autre édifice, Coca devait envoyer à Duran une carte postale représentant la ville où avait eu lieu le hold-up, datée du jour du méfait. Cette méthode avait un double avantage. D'une part elle « signait » le cambriolage et permit ainsi d'attribuer à Action Directe près de cent quinze hold-up de tout genre : banques, stations-service, bureaux de poste, etc., sans avoir à mener la moindre enquête. D'autre part, Coca, en se contentant d'envoyer d'innocentes cartes postales à Duran (à un faux nom et une fausse adresse), ne risquait pas d'éveiller chez Rouillan le moindre soupçon.

Curieusement, Duran entretenait avec Coca d'excellentes relations. Cet Angel Marques n'était pourtant rien d'autre qu'un tueur : avant de devenir le garde du corps de Rouillan, il avait purgé une peine de vingt ans de réclusion à la prison de Carabanchel en Espagne pour le meurtre d'un inspecteur de police espagnol.

Duran disait de lui : « C'est une bête. » Toujours armé, l'air mauvais, l'humeur irascible. Parfois Duran, quand il voulait un complément d'informations sur les projets du groupe terroriste, rencontrait Coca dans un bar. Et chaque fois, entre deux explications « professionnelles », Coca se laissait aller à des confidences d'ordre personnel, comme si Duran, le policier, était la seule personne à laquelle il pouvait se confier. Il racontait par exemple qu'il était amoureux fou de Nathalie Ménigon, la comparse de Rouillan. Il l'avait surnommée « la fée aux doigts longs », surnom tiré d'on ne sait quel obscur fantasme. Ménigon le rendait « dingue », avouait-il. Il alternait les éloges sentimentaux et les descriptions érotiques, décrivant avec une sensibilité d'enfant mâtiné de brute épaisse celle qui lui chavirait le cœur. Duran ne pipait pas, jouant de la crédulité de ce personnage plus monstre qu'apôtre, et ne résistait pas, non sans une bonne dose de sarcasme, à demander à Coca pour la énième fois s'il avait eu des rapports sexuels avec sa chérissime Nathalie. Là il obtenait toujours la même réponse, et ça le mettait de bonne humeur pour la journée. Mélancolique et supplicié par cet amour impossible, Coca bafouillait que non. Le regard plongé dans le vide de son désespoir, il employait alors toujours la même expression : « La fée aux doigts longs, j'aimerais la baiser jusqu'à la tuer... » Et il serrait les poings, comme si cela pouvait exaucer son vœu le plus ardent.

Coca devait disparaître en 1980, dans des circonstances étranges, lors d'un voyage en Italie. Plus personne n'eut jamais de nouvelles de lui.

Chahine avait en quelque sorte pris le relais, et grâce à lui, dans sa mission parisienne de l'année 1980, Duran pouvait espérer mettre assez vite la main sur le leader d'Action Directe. Précisons qu'à cette époque-là, contrairement à ce qui allait se passer en 1983, Duran était officiellement resté en poste à Toulouse. Il se contentait de faire de fréquents aller et retour à Paris pour s'occuper de l'affaire Rouillan, en collaboration avec le commissaire principal Pochon, chef de la section recherches à Paris.

Quelque temps après avoir mis son contact Chahine sur orbite, Duran lui fixa un rendez-vous, dans un lieu public, pour lui exposer une partie de son plan. La manœuvre s'avérait délicate. Convaincre Chahine était une chose, s'assurer de sa fiabilité une autre... Au bout de quelques minutes de conversation, Chahine, à contrecœur, promit qu'il collaborerait de son mieux. En clair, il acceptait de trahir Rouillan et de l'amener dans la souricière tendue quelque part dans Paris. « Trahir Rouillan »... le mot en aurait fait frémir plus d'un. Chahine en endossa courageusement la responsabilité.

Seulement, il fallait agir vite et il n'était pas si aisé de faire sortir Rouillan de l'ombre.

C'est alors que les deux hommes eurent une idée de génie. Chahine prendrait contact avec Rouillan et lui dirait que Carlos, le fameux Carlos, l'indéniable superstar du terrorisme, était en ce moment à Paris et souhaitait le rencontrer pour lui confier un travail. Et pas n'importe quel travail : un attentat qui visait le barrage d'Assouan, que Rouillan lui-même devrait dynamiter.

Plus gros bobard que celui-là, on ne pouvait pas imaginer. Mais Duran, en fin psychologue, savait qu'il n'y avait qu'un Carlos pour faire sortir Rouillan de sa tanière. Rouillan serait tellement flatté à l'idée que l'homme le plus recherché du monde, l'empereur de la lutte armée, le champion toute catégorie du terrorisme international l'ait choisi pour un attentat de pareille envergure, que cela ne pouvait qu'étouffer sa méfiance. D'autre part, Carlos était un personnage important, qu'on ne saurait faire attendre.

Duran et Chahine ne s'étaient pas trompés. Quelques jours plus tard, Gabriel Chahine annonçait au commissaire que Rouillan marchait dans la combine. Le barrage d'Assouan... Rouillan s'était laissé séduire par l'idée qu'il allait enfin passer à la postérité. Il allait en outre tutoyer le célébrissime Carlos, qu'il considérait déjà comme un frère d'armes. Contre toute logique, l'énormité du piège le rendait invisible. Entre-temps, le commissaire Pochon, en accord avec Duran, avait fait louer un appartement dans le XVIe arrondissement, rue Pergolèse, à deux pas de l'avenue Foch, où Carlos serait censé donner rendez-vous à Rouillan.

Pochon de son côté annonça à son supérieur direct, le directeur central adjoint des renseignements généraux, Pierre Bergeret, que le leader d'Action Directe avait mordu à l'hameçon. Il fut alors décidé que les R.G. mèneraient en solo l'arrestation. C'est-à-dire sans prévenir les autres services de police, de manière à ne pas partager avec qui que ce soit le triomphe de l'opération. La tentation était légitime, la procédure bien moins. Quoi qu'il en soit, aucun autre service de police ne fut averti et le commissaire Pochon se chargea de mettre le dispositif en place.

– Pochon ! Retiens bien ce nom, me dit mon ami Cartier avant de poursuivre son récit. Tu verras ce qu'il adviendra de lui à la suite de cette aventure, et quel genre de « triomphe » il va remporter...

Après la mise en place de la souricière, tout s'accéléra comme par enchantement. Rouillan, qui se cachait sans doute en banlieue, fit dire à Chahine qu'il viendrait rencontrer Carlos à Paris, mais où ? Chahine lui donna l'adresse de la rue Pergolèse.

Je connaissais la suite, Cartier n'eut pas besoin de me la raconter. L'arrestation, qui avait failli très mal tourner, avait été narrée dans tous les journaux et même photographiée à la une de *Paris-Match*. Et quand je dis qu'elle faillit mal tourner, le mot est faible. Il est vrai qu'en matière d'arrestation, les R.G. n'avaient pas – et n'ont toujours pas – la technique et le sang-froid de la brigade de recherche et d'intervention, la fameuse B.R.I., spécialiste de l'intervention difficile, de la filoche en tout genre, de la neutralisation de gros bras armés et têtus. Les arrestations musclées n'ont jamais été du ressort des fonctionnaires chargés de faire du renseignement. Que des hommes de l'ombre, formés pour recueillir dans la plus grande discrétion des informations, aient pris le risque énorme de s'exposer seuls au grand jour dans le cas de Jean-Marc Rouillan était aussi surprenant que dangereux. Mais l'envie était trop grande pour eux de s'octroyer le total bénéfice de leur traque...

Que s'était-il passé, au juste ? Jean-Marc Rouillan, bien entendu, avait entraîné Nathalie Ménigon dans son mirifique projet. Cela dit les deux comparses, bien que flattés de la confiance soudaine que leur accordait Carlos, demeuraient prudents. Ils avaient donc décidé de se rendre tous les deux rue Pergolèse, mais de ne pas entrer dans l'immeuble en même temps. Rouillan y avait pénétré le premier, et tandis qu'il se rendait vers l'appartement indiqué, il s'était fait interpeller par le service.

Nathalie Ménigon, elle, avait continué de marcher dans la rue. Un inspecteur avait cru la reconnaître et avait tenté de l'approcher, jusqu'à lui mettre la main sur l'épaule. Mais Ménigon s'était brusquement retournée et avait tiré plusieurs coups de feu en direction de l'inspecteur, qui par miracle n'avait pas été blessé. Or un autre miracle se produisit à l'instant même, Dieu merci, car sinon la bavure aurait été de taille... Une Ferrari rouge avec deux hommes à bord arrivait en sens inverse, droit sur le dispositif policier, au moment même où éclataient les coups de feu tirés par Ménigon. Les inspecteurs, pensant que ces coups de feu provenaient de la voiture, déclenchèrent leur tir sur les occupants de la Ferrari, qui ne furent par bonheur que très légèrement blessés. Ménigon, de son côté, fut au bout du compte interpellée elle aussi.

Tout se terminait donc sans trop de dommages, gloire en sus pour le service. Cartier me rappela qu'à la suite de cette double interpellation, le commissaire Pochon et l'inspecteur qui avait échappé aux balles de Ménigon furent décorés de l'ordre national du mérite : le commissaire Pochon pour avoir mis en place le dispositif, l'inspecteur pour avoir risqué sa peau. Mais la « récompense » de Pochon, nous le verrons par la suite, n'allait pas s'arrêter là.

Quant à Duran, à qui revenait le mérite de cette magistrale opération, il ne fut décoré de rien du tout, mais déjà sa réputation courait dans les mémoires de tous les professionnels du service, comme en témoignait cette première présentation de lui que me fit Cartier. Je ne savais pas encore à l'époque que j'allais faire route avec cet homme pendant plusieurs années. Il allait m'apprendre l'art de compromettre et de manipuler selon ses méthodes. Que pensait-il à ce moment même, le célèbre commissaire Duran, de mon arrestation ?

***

Sous l'œil vigilant de mes deux gardes mobiles, dans le silence vespéral du parquet de Nanterre, je me demandais ce qu'on était en train de manigancer contre moi. Mon ministre, Pierre Joxe, était-il prêt à me juger et à me condamner avant même de savoir où s'arrêtait ma responsabilité dans l'affaire ?

Je chassai aussitôt ce tracassin, fidèle à ma détermination de ne pas me laisser déstabiliser. Au lieu de me perdre en conjectures, je décidai de reprendre ma promenade à rebrousse-temps, comme si déjà je n'appartenais plus à la Maison, comme si déjà je racontais, en attendant le juge, des souvenirs d'ancien combattant...

Je me mis, en l'occurrence, à essayer de me rappeler ce qui s'était passé un an jour pour jour après l'incarcération de Rouillan et Ménigon.

Les deux leaders d'Action Directe enfin neutralisés, on pouvait espérer que l'organisation allait s'éteindre et disparaître. Il suffisait de laisser passer les années... Mais en 1981, quand les socialistes prirent les rênes du pouvoir, l'Élysée, sur ordre du Président, décida d'entamer des négociations secrètes avec cette même organisation que les socialo-communistes, au fond, ne jugeaient pas si hostile à leur endroit. Un accord tacite de non-agression leur paraissait rassurant. En fait, c'était une folie! Troquer avec Rouillan quinze années de réclusion criminelle contre la fragile promesse d'un pacte de non-agression, c'était à peine croyable! Ni Duran, ni moi, ni aucun de mes copains flics, ni l'opposition d'ailleurs qui n'a jamais cessé de crier au scandale en ce qui concernait la libération des deux complices, personne ne pouvait comprendre quel bénéfice on pouvait espérer tirer d'une pareille négociation. Sauf que si Rouillan était resté en prison, Ménigon avec, nous n'aurions jamais eu besoin, quelques années plus tard, de les arrêter de nouveau au terme d'une chasse folle. Et sans doute qu'à cette heure, le général Audran serait encore en vie, Besse le patron de Renault encore à la tête de la Régie, et de pauvres anonymes n'auraient pas été les nouvelles victimes d'attentats aveugles.

Seulement voilà : les négociations eurent bel et bien lieu, et les deux leaders d'Action Directe se virent libérer. Un fonctionnaire, un important dignitaire plus ou moins spécialisé dans les tractations scabreuses, fut chargé de ce marchandage. Cet homme, dont on disait qu'il avait la confiance totale du Président, rendit visite à Rouillan puis à Ménigon en prison. Il leur proposa la liberté contre la paix. Je ne vois pas comment les terroristes auraient pu refuser un tel marché. La perspective de plusieurs lustres en taule ne laisse pas beaucoup de choix. Quel est l'imbécile qui n'accepterait pas un tel troc, quitte à reprendre sa parole plus tard ?

Mais sans s'appesantir sur la bêtise d'une telle proposition, précisons que le marchandage s'accompagna de toute une série de conditions proprement scandaleuses.

Ces conditions nous ont été répétées à Duran et moi-même, quelques années plus tard, par celui-là même qui les avait discutées, un collaborateur connu des services spéciaux qui se prénomme Vasken. Vasken est un ancien militant anarchiste libanais, que Duran et moi avions recruté en 1986. A l'époque des négociations Élysée-Rouillan-Ménigon, Vasken travaillait directement avec le fonctionnaire chargé de cette curieuse affaire « diplomatique ». « La liberté contre la paix », sans doute, mais Rouillan exigeait davantage : il voulait le nom de celui qui l'avait trahi un an auparavant et l'avait attiré dans le traquenard de la rue Pergolèse.

Logiquement, le nom de Chahine n'aurait jamais dû transpirer dans le service. Mais un inspecteur qui avait appartenu à la section recherches des R.G. et qui travaillait désormais avec Vasken avait révélé à celui-ci le nom du « donneur », nom qui fut évidemment transmis en haut lieu. Cela dit, Chahine n'était peut-être qu'un informateur mais, dans cette circonstance, il avait montré plus de courage et de civisme que quiconque. Il avait été à l'origine de l'arrestation de deux dangereux terroristes : plus qu'aucun autre, il méritait la reconnaissance de l'État. A défaut de le décorer, on aurait pu au moins le protéger, ruser, donner à Rouillan une fausse piste...

Le gouvernement en décida autrement : Vasken reçut l'ordre de donner Chahine, l'indic magistral de Duran, à Jean-Marc Rouillan comme celui-ci l'exigeait. C'était, bien entendu, condamner Gabriel Chahine à mort.

A peine obtint-il sa liberté, en effet, Rouillan prépara en toute impunité sa vengeance. En toute impunité ? Avec la bienveillance de l'Élysée devrais-je dire ! Il confia la mission à deux de ses hommes de main, les deux militants les plus violents et les plus redoutables d'Action Directe. Ceux-ci se rendirent un beau matin chez Chahine. Un troisième homme les accompagnait : cet homme devint plus tard l'un de nos indicateurs et nous raconta précisément la scène. Chahine ouvrit la porte. Schleicher se présenta, sortit son fusil de chasse à canon scié, et exécuta ce pauvre Chahine d'une décharge en pleine tête.

Ce fut la dernière fois que Duran révéla ses sources, et qu'il présenta un informateur à l'un de ses collègues. Chahine abattu, Duran n'aurait jamais plus confiance en personne.

Et ce ne fut pas tout. Rouillan n'accepta d'abandonner la lutte armée que contre une autre promesse. L'assurance que le commissaire Pochon, celui qui avait reçu l'ordre du mérite pour sa merveilleuse arrestation, soit muté le plus loin possible. Rouillan n'était qu'un sinistre terroriste, mais cela ne l'empêchait pas de reporter sa haine vengeresse sur un fonctionnaire de police à qui il ne pouvait pourtant reprocher qu'une seule chose : avoir fait correctement son boulot. Le marchandage, de toute évidence, était inacceptable. Eh bien il fut accepté ! Le commissaire Pochon fut affecté à la direction des renseignements généraux de Fort-de-France, en Martinique. Il laissa la place à un autre commissaire, le commissaire principal Musy, qui allait être mon supérieur hiérarchique lors de mon passage à la section recherches.

Néanmoins, en ce qui concerne Pochon, sa mise à l'écart demeure pour tous les inspecteurs de ce service une profonde injustice.

Quant à Vasken, qui avait donné Chahine, lorsque la cohabitation vint à l'ordre du jour, un arrêté d'expulsion à son encontre fut signé par le ministre de l'Intérieur, Charles Pasqua. Mais cet arrêté, sur intervention de l'Élysée, ne fut jamais mis à exécution.

De toute cette histoire, il reste de surcroît une rumeur. Une rumeur tenace... Libéré, et apparemment amadoué par les socialistes, Rouillan, racontait-on alors, avait ses entrées à l'Élysée. Il circulait librement, rendait visite à ses amis et se forgeait des amitiés nouvelles à la Présidence. On le voyait, paraît-il, en compagnie de ministres. Il y avait assez de flics qui le croisaient dans les parages du palais de l'Élysée pour penser que la rumeur avait peut-être quelque chose à voir avec la réalité. Cela en irritait plus d'un. Sans doute fallait-il se dire que les amitiés, comme les goûts et les couleurs, ne se discutent pas. A moins que n'entrât dans ces fréquentations l'espoir que le pacte « liberté-paix » avec Action Directe allait perdurer ? Il est vrai que, pour l'heure, même si cela laissait certains sceptiques, Rouillan semblait respecter ses engagements.

L'ambiance paraissait au beau fixe, jusqu'au jour où les gros titres d'un quotidien du soir annoncèrent le vol de la voiture d'un ministre. « Le vol »... c'est ce que racontait la presse. La version officielle, en somme.

La version qu'on m'avait donnée était tout autre. On racontait que, à l'heure du prétendu vol, Rouillan se trouvait dans la voiture du ministre en question, en compagnie de celui-ci. Rouillan, profitant de cette situation, avait dérobé l'attaché-case du ministre, lequel renfermait une série de documents compromettants. Quelque temps plus tard, Rouillan aurait menacé de révéler le contenu de la mallette. La part du faux et du vrai là-dedans ? Mystère... Officiellement, il resta que la voiture du ministre avait été volée, et que la disparition des documents avait fait l'objet d'une déclaration de main-courante dans un commissariat parisien.

***

Décidément, je retrouvais ma forme. Rien de tel que de se remémorer un ou deux petits scandales pour se sentir moins démuni face à une vengeance d'État. Un souvenir en chassant un autre, je me rappelais cette fin de repas pendant laquelle Cartier, me réservant le meilleur pour le dessert, m'avait livré le récit de la plus cocasse des histoires de manipulation attribuées au célèbre commissaire Duran. Cette histoire remontait à 1979 et, par un curieux hasard, mettait déjà en scène Duran, Rouillan, Ménigon et Chahine, alors encore en vie puisque cette affaire était antérieure à celle de la rue Pergolèse.

Elle avait d'ailleurs largement alimenté la une des quotidiens. Cartier m'avait fait remarquer que cette médiatisation trop importante n'avait pas facilité la tâche de la police.

Un matin, au musée de Saint-Germain-en-Laye, le soleil s'était levé sur le résultat sans appel d'un incroyable cambriolage. Un tableau avait été dérobé. Une œuvre d'art, le clou de la collection du musée, au nom prédestiné semble-t-il : *l'Escamoteur*. Détresse du directeur du musée, consternation du ministère de la Culture : on fit appel à la police.

Quelque temps plus tard, une demande de rançon

parvint. Contre une somme énorme, promesse était faite que le tableau serait rendu en parfait état. Ce n'était donc pas tout à fait un vol mais un kidnapping. Or la demande de rançon était signée Action Directe. Négociations, tractations... Le scénario habituel de tout enlèvement tenait en haleine une partie de la presse. Action Directe, encore eux... Pas une journée ne s'écoulait sans que le ministre de l'Intérieur de l'époque, Christian Bonnet, ne réclame à cor et à cri qu'on lui présente un début de piste. Raymond Cham, le directeur central des renseignements généraux, releva le gant sur ordre et prit en main l'affaire avec Pierre Bergeret, son adjoint, le numéro deux des R.G... Raymond Cham était petit, costaud. On disait de lui qu'il était radin et on l'avait surnommé « le Crime » parce que... le crime ne paie pas ! Il n'avait pas non plus la prime facile et ce n'était pas une moindre fierté, pour le commissaire Duran, d'avoir été deux fois financièrement récompensé par lui. Cela dit Cham était un grand policier, tout comme son adjoint.

Bien entendu, il était impératif pour eux de clore cette histoire par un succès, question de prestige ! A plusieurs reprises, des remises de rançon furent tentées. Toutes échouèrent. Cham et Bergeret découvraient que l'on ne bernait pas aussi facilement des professionnels de la trempe de Ménigon et Rouillan. L'enquête de police, elle, pataugeait lamentablement. Pas d'indice, pas de piste, rien. Bergeret ne pouvait tolérer de rester sur un échec. Il en avait marre de se laisser balader par les leaders d'Action Directe.

En désespoir de cause, il appela Duran qui se trouvait comme d'habitude à Toulouse. Le commissaire Duran dont il savait qu'il avait toujours sous le coude une tripotée d'informateurs. Peut-être ce dernier pourrait-il lui apporter quelques renseignements ? De quoi calmer la nervosité de Raymond Cham, de quoi rassurer le ministre. Dans des moments pareils, l'angoisse se transmet par voie hiérarchique du numéro un au numéro deux, puis au numéro trois et ainsi de suite, jusqu'au fonctionnaire en faction en bas de l'immeuble. Sans y aller par quatre chemins, Bergeret demanda au commissaire Duran de tout tenter pour mettre la main sur le tableau. Tout tenter... Duran traduisit l'expression par un « chèque en blanc ».

Dans la minute qui suivit l'appel téléphonique de Bergeret, Duran, du fond de sa province, appela Chahine. Et ce que Chahine lui dit le laissa estomaqué. Ce dernier lui raconta que, justement, il se proposait de le rencontrer pour lui raconter quelque chose qui allait le faire rire : Rouillan lui avait demandé de garder le tableau chez lui, et depuis quelques jours *l'Escamoteur* était dans son salon, emballé dans une couverture.

Duran ne mit pas une minute en doute la parole de Chahine. C'était évident, Rouillan lui avait confié le tableau par une sorte d'association d'idées : parce que Chahine était peintre.

Duran éclata de rire. En moins de trente secondes, il avait réussi à dénicher le tableau que toutes les polices de France recherchaient.

Mais comment dire à Bergeret où se trouvait ce tableau sans griller Chahine auprès de Rouillan ? Duran se garda d'avouer quoi que ce soit à qui que ce soit et ne partagea le secret de sa découverte qu'avec lui-même. En revanche, n'oubliant tout de même pas de quel côté de la loi il se trouvait, il promit à Bergeret qu'il allait tenter de retrouver la toile. Il lui laissa entendre qu'il avait déjà quelques éléments positifs en sa possession. Bergeret, rassuré, lui laissa les coudées franches.

Pendant ce temps, Rouillan, fermement mais sans s'énerver, laissait entendre à qui de droit qu'il aimerait bien voir la couleur de son argent. Raymond Cham proposa donc qu'une nouvelle remise de rançon soit envisagée, mais à condition qu'Action Directe fournisse la preuve tangible qu'ils étaient bien en possession du tableau. Rouillan appela aussitôt Chahine et lui demanda de faire une photo de cette pièce de collection, qu'il devait envoyer le plus vite possible au siège des R.G.

Chahine, affolé, téléphona immédiatement à Duran pour lui lancer un appel au secours : il n'avait pas d'appareil photo.

Duran se précipita chez Chahine avec son propre « Instamatic », celui qu'il utilise pour ses photographies de vacances, non sans avoir pris la précaution d'acheter à la libraire du coin le journal du jour. Il réalisa la photo lui-même. Il déballa le tableau, le transporta près de la fenêtre pour profiter de la lumière, déplia son quotidien qu'il demanda à Chahine de bien tenir à la verticale, sans bouger, pour que la prise de vue se trouve ainsi datée. La photo dans la boîte, il se laissa hypocritement remercier par Chahine, à qui il fit remarquer qu'il venait de lui rendre un fichu service. Chahine l'interrogea sur la suite des événements : Duran lui dit qu'il se chargait de tout. Il partit faire développer sa pellicule chez un de ses amis photographe et expédia le cliché à Bergeret, en y ajoutant, pour que cela fasse plus vrai, les compliments de Rouillan.

En d'autres termes, alors que toutes les polices de France couraient après *l'Escamoteur* et que les journalistes s'inquiétaient de leur inefficacité, un policier tranquille non seulement savait où se trouvait la merveille, comment la récupérer puis éventuellement arrêter Rouillan, mais s'était offert de surcroît le luxe inouï de photographier le tableau chez son receleur et néanmoins indic !

Après quoi, le principe d'une nouvelle remise de rançon fut accepté par Rouillan. Sur le lieu de cette remise de rançon, un dispositif fut mis en place par la section recherches des renseignements généraux. Jean-Marc Rouillan avait récupéré le tableau chez Chahine et s'était rendu au rendez-vous avec plusieurs de ses comparses. Mais une fois sur place, flairant le piège, il avait abandonné le tableau juste avant de déguerpir. Le voleur courait, mais *l'Escamoteur* était là.

Pour récompense de sa collaboration, Chahine reçut la somme de cinquante millions de centimes, à croire que les assureurs sont plus « réglo » que l'État. Duran, qui lui remit cette somme, eut pour sa part l'extrême satisfaction de se décerner, à titre confidentiel, un C.A.P. de photographe officiel.

***

Le déjeuner terminé, Cartier et moi-même étions retournés à nos occupations. D'humbles occupations, bien moins spectaculaires que les exploits du commissaire Duran. Et pourtant, déjà, je me sentais bousculé dans mes habitudes. J'aimais la façon de travailler de cet homme, elle correspondait à mes goûts, à mes aspirations, à mon personnage. J'appartenais désormais au clan de ceux qui attendaient l'arrivée de Duran à Paris avec une immense impatience. Nous étions, rappelons-le, en 1983.

***

Sept ans plus tard, la porte d'un juge du tribunal de Nanterre s'ouvrait devant moi, balayant les souvenirs. En une fraction de seconde, je me ressaisis. Pendant les minutes qui allaient suivre, je devais me montrer à la hauteur de ma carrière, me comporter en professionnel, ne dévoiler de moi que le visage d'un policier dans l'exercice de ses fonctions.

Les gardes me firent entrer, leur rôle s'arrêtait là. L'entrevue devait avoir lieu à huis clos. Mais encore une fois, je n'attendais rien de cet entretien. On n'assisterait pas ici à l'un de ces redoutables face à face pendant lesquels deux individus se jaugent, s'épient pour mieux se piéger l'un l'autre. Tout était écrit, prévu, calculé : j'entrais libre, j'allais sortir inculpé. Il n'y avait qu'une inconnue. Une seule : la réponse à une question que le juge devait nécessairement me poser. De cette réponse allait dépendre le cours futur des événements. Et le rebondissement qui se préparait n'était pas pour moi sans saveur.

– Monsieur Dufourg, je dois vous dire qu'à la lecture de votre dossier, il apparaît que vous risquez une inculpation. Le savez-vous ?

Sans vraiment la dévisager, je retenais qu'elle était blonde, presque châtain, de petite taille. Sa voix pourtant grave n'exprimait aucune sorte de sévérité. Elle me parut simple, plutôt sympathique, gentille.

– Je le sais, madame le Juge.

Je me gardais bien de la moindre ironie. Pourtant, ce n'était pas l'envie qui me manquait de faire un peu d'humour grinçant. Mais avant que cette confrontation n'ait lieu, j'avais opté pour une certaine stratégie. J'avais choisi de me montrer poli et respectueux. Il était inutile et en tout cas prématuré de jouer la carte de la provocation.

– Je vais vous inculper pour « violence et voie de fait volontaires avec arme par un fonctionnaire de police dans l'exercice de ses fonctions ».

L'entretien dura une bonne demi-heure. Elle me demanda si je reconnaissais les faits qui m'étaient reprochés. Je ne niais rien. Simplement, je m'appliquais à lui expliquer ce que pouvaient être les méthodes d'un flic de mon espèce. Je ne cherchais pas à me défendre, j'estimais simplement que Nelly Delfosse méritait un certain nombre d'éclaircissements. Je ne voulais pas passer pour une victime, je ne larmoyais pas, j'assumais.

– Vous avez un avocat ? s'inquiéta-t-elle, comme la loi l'obligeait à le faire.

– Non. En ai-je vraiment besoin ?

Sans réellement faire monter la tension entre nous, cette question la surprit. Bien sûr qu'il me fallait un avocat. Tout inculpé doit en avoir un s'il veut s'offrir une chance de se débattre dans le système judiciaire qui agit sur les individus comme un rouleau compresseur sur un service en faïence. Mais a-t-on vraiment besoin d'un avocat lorsque l'on est l'objet d'une vengeance d'État ? Peut-on se défendre contre un pouvoir qui a décidé de vous faire payer vos fautes pour mieux se faire pardonner les siennes ? Était-il raisonnable d'espérer pouvoir m'en sortir, à partir du moment où ceux qui contrôlaient les rouages de toute une nation avaient décidé que je devais aller en prison ?

Nelly Delfosse esquiva la réponse. Elle tenait à rester sur le terrain du Code pénal.

– Vous pouvez prendre un avocat commis d'office, si vous n'avez pas d'avocat.

C'est là, à cet instant, que j'allais jouer mon avenir. Deux options se présentaient. Je pouvais décider en effet de prendre un avocat commis d'office, de ne rien dire, de me laisser traîner en prison. Je pouvais accepter d'être jugé et condamné prochainement. Je pouvais me soumettre et accepter d'être vaincu par ceux qui voulaient ma peau.

– Vous avez la liste des avocats commis d'office ? demandai-je poliment.

La juge me la tendit. Je la pris et tout en l'examinant,

je pensais à la deuxième option, celle qui consistait à me lancer dans la bataille, à me rebeller, à refuser d'endosser la responsabilité de ceux qui étaient en train de me laisser tomber. J'en connaissais beaucoup sur l'affaire Doucé. J'avais des explications, des réponses plus explosives que de la nitroglycérine à des questions que personne n'oserait même me poser. Or personne ne m'avait seulement demandé de faire le dos rond quelque temps. On ne m'avait pas davantage proposé de marché du genre « cent millions de centimes contre quelques mois de prison et le silence pour toujours ». On m'avait seulement mis devant le fait accompli en espérant que je me tairais.

Je lisais les noms des avocats en pensant : « Que faire, m'écraser ou réagir ? » M'écraser, cela signifiait que je pouvais gagner un semblant de tranquillité. L'affaire terminée, après quelques mois d'incarcération, on m'oublierait. Personne ne m'en voudrait plus et l'on me laisserait vaquer à mes occupations... Me rebeller, cela voulait dire que j'allais entrer dans une bataille farouche contre ceux qui préféraient que je me taise. Un homme peut-il gagner contre un État ? Je ne savais pas. M'écraser ou me rebeller ? La machine de guerre était intacte.

– Je n'en connais aucun, dis-je en rendant la liste.

Nelly Delfosse ne fit pas de commentaire et s'apprêtait à me recommander un nom quand je retournai brutalement la situation.

– Je crois, commençai-je... Je crois que je vais prendre un avocat.

Je parlais lentement, de manière à ce que chaque mot soit parfaitement audible. Je voulais que ma voix massacre le silence de ce bureau. Je voulais que derrière mes « je crois » transparaissent les plans de bataille d'une insubordination et qu'on puisse les voir. Je voulais que mes paroles soient aussi glaciales et inattendues que les termes d'une déclaration de guerre. Je voulais que Nelly Delfosse, juge d'instruction au tribunal de Nanterre, comprenne le sens de chacune d'elles pour qu'au besoin elle les répète à qui de droit. J'ajoutai simplement :

– Mon avocat s'appelle Maître Vergès, voici son adresse...

Le regard de mon juge se figea dans une étrange lueur. Elle avait compris. Et il m'a semblé que ma décision n'était pas pour lui déplaire.

Chapitre II

L'ATTENTAT D'ORLY

NAISSANCE DE LA SECTION « MANIPULATION »

C'était fait, j'étais inculpé et placé sous mandat de dépôt. Dans le « panier à salade » qui me conduisait à la prison de Bois-d'Arcy, dans la région parisienne, je repensais aux termes de cette inculpation : « Violence et voie de fait volontaire avec arme par un fonctionnaire de police dans l'exercice de ses fonctions »... Alors que pour d'autres cette inculpation aurait été d'une lourdeur phénoménale, elle me faisait à moi l'effet d'une peccadille. Les charges qui pesaient sur moi me semblaient soudain ridicules. Je réalisais qu'au regard de toutes les enquêtes que j'avais menées depuis huit ans, j'étais en train de tomber pour une irrégularité banale. Une faute de rien du tout. J'en avais tellement fait, en huit années d'activité! Tellement... Ne serait-ce que lors de ma première mission aux côtés de Duran.

***

C'était à la fin du mois de juillet 1983. L'horrible attentat d'Orly remontait au 15 du même mois. Depuis cette date, le directeur central faisait des bonds chaque fois qu'on lui parlait de terrorisme. Il voulait des rapports sur les activités des groupuscules qui préparaient des actions armées. Des résultats concrets, des succès.

Hélas, aucun d'entre nous ne savait par quel bout commencer. Nous n'avions aucune information, aucun informateur, nous étions affligeants de médiocrité. Notre seule piste, c'était que l'Armée Secrète Arménienne pour la Libération de l'Arménie, l'A.S.A.L.A., avait revendiqué l'attentat. La section recherches, et plus particulièrement son groupe « arménien », travaillait sur une liste de personnes ayant été mêlées à un accident occasionné par une manipulation d'explosifs qui avait eu lieu un an auparavant, dans un pavillon d'Orly.

Dans ce pavillon, on avait trouvé des documents à entête d'un certain « Groupe Orly ». Or, par la suite, plusieurs attentats avaient été revendiqués par ce Groupe Orly, militant pour la cause arménienne. Nous avions tout misé sur notre liste de suspects. Écoutes téléphoniques, planques et filatures nous avaient permis d'identifier une cinquantaine d'individus gravitant autour de mouvements proarméniens.

Sur ces entrefaites, la D.S.T., de son côté, avait opéré plusieurs arrestations de militants arméniens soupçonnés d'avoir participé à l'attentat d'Orly, et nous avait fourni les noms d'une vingtaine de personnes. Surprise! Aucun de ces noms ne nous disait quoi que ce soit. Nous avions fait complètement fausse route... Il s'agissait de militants turcs arméniens, proches d'un certain Varoujan Garbidjian, lequel était soupçonné par la Direction de la surveillance du territoire d'être l'organisateur de l'attentat d'Orly.

Même avec une bonne dose de mauvaise foi, il nous était impossible de ne pas reconnaître que, sur cette affaire, la D.S.T. avait pris quelques longueurs d'avance. Notre piste du pavillon d'Orly nous avait permis d'apprendre qu'un Groupe Orly avait été créé un an plus tôt, c'était bien; la D.S.T., elle, semblait tenir les coupables : Nayir Soner, qui avait pris la fuite, et Nersez Tasci, militant turc arménien émule de Varoujan Garbidjian, lequel fut interpellé, interrogé puis incarcéré avec quelques-uns de ses comparses. L'affaire était comme qui dirait bouclée. Le mérite en revenait à la D.S.T., et à elle seule.

A cette époque, nous avons pris notre manque d'efficacité pour un échec. Démoralisés, nous avions le nez sur notre incompétence. C'est à ce moment-là que notre directeur central fit appel à Duran. Depuis trois mois déjà, il envisageait de créer une section spéciale qui permettrait peut-être de sauver la face des R.G. : la section manipulation. Cette création eut lieu le 1er août 1983. La section manipulation fut placée sous le contrôle du directeur central adjoint des R.G., Bergeret, et l'on mit à sa tête le commissaire Roger Duran.

S'il y en a deux qui ne furent pas contents dans cette histoire, ce furent bien Musy, le commissaire principal, patron de la section recherches, et son adjoint Bordinat. Ce dernier animait depuis quelque temps un groupuscule chargé, au sein de cette section, de recruter et de manipuler des informateurs. C'est d'ailleurs avec lui que j'avais fait mes premières armes dans le domaine. En quelque sorte, avec le directeur central des R.G., Musy et Bordinat avaient jeté les premières bases de la future section manipulation. Ils pensaient logiquement en devenir les chefs, Duran, dans leur esprit, devant être placé sous leurs ordres. Malin, le directeur central ne leur avait pas retiré leurs illusions, laissant planer le doute.

Et voilà que, le 1er août 1983, Duran les coiffait au poteau et devenait le grand chef de la « manip », eux restant à la section recherches. La pilule leur semblait dure à avaler.

Quoi qu'il en soit, Duran était arrivé! Cette fois-ci, il avait définitivement quitté Toulouse et s'était installé à Paris. Il avait obtenu du directeur des R.G. une sorte de carte blanche et une autonomie rarement accordée dans un service de police. Duran avait ses méthodes et il avait laissé clairement entendre que sans une totale liberté, sans la certitude que l'on ne viendrait pas lui demander des comptes tous les trois jours, il n'accepterait pas ce poste. Les renseignements généraux étaient à ce point en mauvais état qu'on ne pouvait rien lui refuser.

Il fit le tour des bureaux, salua les gens qu'il connaissait un par un sans se soucier des grades. Il traitait avec autant de respect, disons plutôt de bonhomie, ceux qui étaient commissaires comme lui que les simples enquêteurs. Impeccablement vêtu, il avait la stature d'un homme sûr de lui. Les cheveux blancs, le visage durci par des rides qui lui donnaient un air sévère, il n'avait pas à proprement parler l'air d'un flic. Il pouvait d'ailleurs endosser à peu près tous les rôles, selon les occasions. Homme d'affaires, politicien, député, barbouze de la D.G.S.E., fonctionnaire de la Sécurité sociale, receveur des impôts, tous les emplois lui allaient. Bien campé sur ses jambes, il ne manquait pas d'allure...

Il me serra la main au détour d'un couloir. Il avait ce foutu accent du sud-ouest de la France, embelli par une voix grave et forte qui roulait magnifiquement les « r ». Si j'avais été dans la publicité, je lui aurais volontiers demandé de vanter les mérites d'une marque d'aromates ou d'un cassoulet du cru.

– Vous êtes du Pays basque? m'interrogea-t-il.

– Oui, et d'ailleurs ma famille a une maison dans la région.

– Alors vous êtes du pays, chanta-t-il en guise de prise de contact. C'est quoi, votre grade, ici ? On m'a dit que vous aimez bien traîner dans les rues...

– Je ne déteste pas, répondis-je sans timidité.

– L'action vous plaît, autrement dit...

– Ben...

– Ben... C'est ce qu'on va voir ! Venez avec moi. Il est une heure. C'est l'heure du déjeuner, allons déjeuner.

J'eus à peine le temps d'enfiler ma veste et de le suivre.

– Vous connaissez un restaurant, Jean-Marc ?

– Il y a bien le Saint-Laurent, la brasserie où tout le monde va d'habitude, fis-je en me souvenant du déjeuner avec Cartier.

– Si vous voulez travailler avec moi, Jean-Marc, apprenez qu'il y a déjà deux règles dans ce métier. La première, c'est qu'il ne faut pas avoir d'habitudes. La deuxième, plus importante, c'est que l'on ne va jamais déjeuner avec les collègues d'autres sections. Ça évite les ragots, les jacasseries inutiles, on se met à l'abri des jalousies et surtout, on n'a pas à supporter le regard des gars qui ne sont pas dans la course. Ces regards-là me coupent l'appétit.

J'avais hoché la tête en signe d'approbation, sans être encore bien convaincu pour autant. « Je les aime bien, mes copains, aurais-je eu envie de rétorquer. Cela me fait plaisir de les retrouver à l'heure du déjeuner. » J'allais comprendre très vite que Duran n'avait pourtant pas tort. « Drôle d'entrée en matière », me dis-je tandis que nous marchions silencieusement. Cela faisait à peine quelques minutes que nous nous connaissions, j'étais enfin en compagnie du commissaire Duran et déjà il était en train de me former...

A table, à ma grande surprise, il me parla comme si nous nous connaissions depuis toujours. Et surtout comme à un collaborateur de vieille date. Il m'expliqua dans les grandes lignes son plan d'attaque. Nous avions pris un bouillon sur l'attentat d'Orly, soit. Mais nous n'avions pas dit notre dernier mot !

Je n'osais pas lui répliquer qu'il n'y avait plus rien à faire puisque les auteurs présumés de l'attentat étaient en prison : il semblait persuadé que l'on pouvait aller plus loin. Pour ma part, je ne voyais pourtant pas comment nous pourrions nous y prendre pour faire mieux que la D.S.T...

En revenant rue des Saussaies, Duran me demanda de trouver une voiture de service. D'après lui, un petit voyage à Lyon s'imposait. Il voulait voir Nersez Tasci qui était incarcéré là-bas, et lui parler.

Ce premier voyage ne nous apprit pas grand-chose. Tasci accepta de nous voir mais refusa de collaborer. Duran avait beau tenter de le déstabiliser en lui proposant toutes sortes de marchandages, Tasci refusait catégoriquement. C'était un dur à cuire, un vrai convaincu, un idéologue prêt à mourir plutôt que de trahir. A bout d'arguments, Duran lui proposa même d'alléger sa peine s'il nous venait en aide. Je sursautai ! Duran n'avait aucun mandat qui pût l'autoriser à faire un marché de ce genre. « Il est gonflé, pensais-je. Si Tasci accepte, jamais il ne pourra tenir sa promesse. »

Mais je retenais quand même l'essentiel de sa tactique. Duran avait essayé de recruter un indic, un informateur; pour cela, il fallait faire du troc, persuader l'interlocuteur de devenir un « collaborateur » des R.G. en trahissant les siens, de devenir, en quelque sorte, une planche pourrie, en échange de quelques compensations...

De temps à autre, Duran m'observait. Je ne laissais rien transparaître qui ne fût de l'amusement. A dire vrai, d'ailleurs, je n'étais pas le moins du monde offusqué. Ce jeu me fascinait...

Sur le chemin du retour, nous avons parlé de choses et d'autres. Duran ne semblait pas contrarié par l'échec que nous venions de subir. Pendant que je me disais « notre collaboration débute bien mal », lui ne semblait pas s'en faire outre mesure. Avait-il d'autres cordes à son arc, ou était-il habitué à ce que, dans sa spécialité, on ne gagne pas à tous les coups ?

A peine arrivé rue des Saussaies, il se précipita sur le dossier de Nersez Tasci. Il le parcourut rapidement, jusqu'à ce qu'il tombe sur ce qu'il cherchait.

– Voilà ! Voilà !... lâcha-t-il pour signaler sa découverte.

Sans ajouter quoi que ce soit, il griffonna une adresse sur un bout de papier, et avant même que je n'aie eu le temps de m'asseoir, il me demanda de l'accompagner à Montrouge, dans la banlieue de Paris. Je n'étais pas habitué à un rythme de travail aussi soutenu. Ce que nous venions de faire dans la journée, habituellement on le réalisait en trois ou quatre jours dans le service. J'étais content. J'avais au moins la sensation de faire vraiment quelque chose, même si, jusqu'ici, Duran ne m'avait laissé aucune initiative. J'apprenais...

A Montrouge, Duran me demanda de garer la voiture à une bonne centaine de mètres de l'adresse où nous nous rendions. Il s'assura que le véhicule était bien à l'abri des regards, puis décida qu'il était temps de prendre un petit café.

– C'est quoi, votre surnom ? me demanda-t-il dans le bistrot.

– Mon surnom ?

– Votre nom d'emprunt...

– Ah ! Dulot. Jean Dulot. Pourquoi ?

Dulot, c'était le nom d'un de mes copains d'enfance, un gars pour qui j'avais de l'estime mais qui avait mal tourné. Il avait été descendu lors d'une attaque à main armée.

– Moi, c'est Gérard Landais. Il faut vous en souvenir. Parce qu'à partir de maintenant, nous n'utiliserons plus que nos pseudonymes devant les autres.

– Quels autres ?

– Les informateurs, les témoins, les gens à qui l'on s'adresse. Personne ne doit connaître nos vrais noms. Pour notre sécurité. C'est bien compris ?

J'acquiesçai, sans vraiment être persuadé, sur l'heure, de la nécessité d'une telle précaution.

– Mon cher Dulot, poursuivit-il, vous êtes-vous déjà exercé au retournement d'informateurs ?

– Quelquefois, à la section recherches. Il m'est arrivé de questionner quelques voyous, quelques indics notoires, et même d'en recruter deux ou trois. Mais enfin, je débute...

Duran resta silencieux un petit moment. Il devait se rendre compte qu'il allait devoir m'apprendre absolument tout du métier. Je me demandais s'il en serait excédé ou si, au contraire, il se ferait une joie de former un petit gars qui lui donnait l'impression d'en vouloir. Il reprit la parole.

– Tout à l'heure, nous avons échoué à Lyon. Tasci n'a pas voulu parler. Il est trop fier, trop entier. On ne pourra jamais faire pression sur lui. Il ne dira que ce qu'il aura envie de dire. En revanche, on peut parier sur une chose : du temps où il était libre, Tasci s'est sûrement confié à quelqu'un. Une personne en qui il pouvait avoir confiance. Tous les terroristes partagent le sel de leur activité avec un confident. Nul ne peut garder le secret de sa vie intact. Donc Tasci a raconté ce qu'il faisait à quelqu'un. Notre rôle, c'est de trouver l'individu qui sait. Pas forcément celui qui est coupable. Le frère de Tasci habite dans cet immeuble. On va aller le voir et on va le convaincre qu'il doit collaborer. Croyez-vous qu'il va accepter ? Croyez-vous qu'il va accepter de dire tout ce qu'il sait à deux flics des renseignements généraux ? Croyez-vous qu'il suffira de lui poser des questions pour qu'il y réponde ?

– Non. Cela me paraît peu probable.

– Eh bien à moi si. Mais évidemment, il ne va pas falloir y aller avec le dos de la cuiller. La situation est simple : nous avons besoin d'informations de la plus haute importance, dont dépend la sécurité de cinquante-cinq millions de Français. Qui nous reprocherait quelques entorses au règlement si nous revenons avec ces précieuses informations ? Personne. Ni nos chefs, ni nos ministres.

– Mais si nous ne rapportons rien et que le frère de Tasci porte plainte parce qu'on l'a bruta...

J'hésitais à terminer le mot, mais j'avais bien compris que l'entretien qui allait suivre ne se passerait pas sans quelques difficultés.

– Allez, on y va, Dulot ! ordonna Duran. J'ai bien dit « Dulot » ! Et vous m'appelez Landais ! Si le petit Tasci doit porter plainte, ce sera contre un certain Dulot et un certain Landais... qui n'existent pas ! Inutile de mêler les R.G. à nos petits secrets.

On se mit en route. Je n'étais pas ému le moins du monde à la perspective d'une prise de contact musclée. Après tout, la sécurité de cinquante-cinq millions de Français valait bien quelques baffes. La suite allait prouver que je me trompais légèrement sur la façon dont devait se dérouler cette première entrevue.

Comme pour me prouver sa confiance, Duran me laissa sonner à la porte. Mais il prit d'emblée la parole quand un jeune homme petit, mince, l'air craintif et timide nous ouvrit. Nous savions qu'il avait dix-sept ans.

– Vous êtes Errol Tasci ? demanda Duran d'une voix suave.

– Oui...

– Bonjour. Nous sommes des enquêteurs de la D.S.T. Voici l'inspecteur Dulot. Je m'appelle Landais. Gérard Landais. Nous sommes policiers et nous avons quelques questions à vous poser. Rassurez-vous, rien de bien méchant. Peut-on entrer ?

Le môme se tenait sur ses gardes mais Duran se montra si inoffensif qu'il nous laissa pénétrer chez lui.

L'appartement comportait trois pièces. Un salon et deux chambres. Errol ne nous demanda pas de nous asseoir. Duran lui parla du temps qui n'était pas fameux, alors que depuis trois semaines il faisait une chaleur de plomb sous un soleil radieux. A ma grande stupéfaction, j'entendis le petit Tasci tomber d'accord sur cette histoire de saison pourrie. Le gamin était impressionné, c'était évident. Il était surtout, *a priori*, influençable. Manifestement, Duran lui en imposait par sa belle stature, sa mise sérieuse, son costume-cravate très classique. A ses côtés, en jean et blouson, je faisais figure de voyou. Le bon et le méchant... Nous devions toujours jouer par la suite de cette curieuse dissimilitude qui d'emblée déstabilisait nos interlocuteurs...

Duran s'intéressa au charme de l'appartement et entreprit avec Errol une longue conversation, tandis que je commençais « le tour du propriétaire ». La fouille était parfaitement illégale, mais Duran continuait de distraire le petit. Apparemment, sa mère n'était pas là. Nous savions – toujours par nos dossiers – qu'Errol habitait avec elle, et sa présence nous aurait rudement compliqué sa tâche.

A un moment de mes investigations, je tombai sur deux relevés de compte bancaire qui laissaient clairement voir que la famille Tasci se trouvait dans une situation financière très précaire. Je montrai aussitôt ma trouvaille à Duran qui arbora un large sourire : il tenait là le moyen de faire pression sur le frère de Nersez Tasci.

– Eh bien dis-moi, petit! Je vois que vous avez de sacrés soucis d'argent, ta mère et toi!

Au bord des larmes, le môme avoua qu'en effet, ça pourrait aller mieux...

– Évidemment, si ton frère n'avait pas fait de bêtises, aujourd'hui, au lieu de croupir en prison, il pourrait être au boulot et vous nourrir. Écoute : je vais te faire une proposition. Tu as besoin d'argent et nous de renseignements. Tu vois ce que je veux dire... Réfléchis : le marché ne me paraît pas mauvais. Alors on va te filer un rendez-vous. Pas chez toi, dans un café. Dans deux jours. Tu viens, tu nous expliques ce que tu sais et nous, on te remet de l'argent. Et puis, si tu nous rends vraiment service, on peut aussi se débrouiller pour faire sortir ton frère de prison plus rapidement...

Lequel des deux arguments l'emporta-t-il? Les deux sans doute : Errol accepta le rendez-vous. Duran évita d'arborer un air triomphant. Il se contenta de lâcher, gravement :

– Fais-nous confiance, petit, on va t'aider. A dans deux jours...

Une fois dans la rue, je demandai au commissaire s'il pensait vraiment que le môme viendrait à ce rendez-vous.

– Je crois que oui, répondit Duran, parce qu'il se sent rassuré. Et comme vous le voyez, on ne l'a pas brutalisé! Ce n'est pas un moyen de mettre les gens en confiance... Après, c'est différent. Sachez toutefois, Jean-Marc, que le premier rendez-vous qui fait suite au recrutement (c'est-à-dire à notre visite d'aujourd'hui) est le moment le plus délicat de la manipulation d'un informateur. C'est logique : le type a eu deux jours pour réfléchir, peser le pour et le contre. Errol, par exemple, vient d'accepter quoi, au juste ? Un simple rendez-vous et une conversation : il n'a pas encore réalisé qu'il s'agissait de trahir.

***

De retour rue des Saussaies, on parla du problème de l'argent. On n'en avait pas beaucoup : en tout et pour tout une somme mensuelle de vingt mille francs pour payer tous les indics de France et de Navarre ! La gestion de cette fameuse caisse avait d'ailleurs failli faire se colleter Duran et Bordinat. Avant l'arrivée de Duran, en effet, cette caisse était aux mains de la section recherches. Depuis l'irruption de Duran, elle était passée aux mains de la section manipulation. Duran avait obtenu son « nerf de la guerre », ce qui ne l'empêchait pas de trouver celui-ci nettement insuffisant. Il jura de quintupler ce budget et tint parole : on a parfois besoin, pour convaincre des informateurs, d'autre chose qu'un pourboire.

***

Deux jours plus tard, Errol Tasci était à l'heure au rendez-vous, à la terrasse d'un café. Réticent au départ, il finit par nous raconter comment s'était déroulée la réunion préparatoire de l'attentat d'Orly. Il nous expliqua qu'elle avait eu lieu dans l'appartement de Montrouge, et qu'elle avait été effectivement dirigée par Garbidjian. Soner, qui avait acheté des bouteilles de butane (cela, nous le savions par divers renseignements), avait été chargé de confectionner la bombe ; Nersez Tasci, lui, s'était chargé de la poser.

A la fin de ce premier rendez-vous, Duran se montra très compréhensif à l'égard d'Errol. Presque sympathique, indéniablement paternel. Il dit au petit qu'il avait bien mérité son argent. Il sortit cinq billets de cent francs de sa poche et les tendit à Errol. Le gamin fit une moue déçue. Sans doute pensait-il que ses tuyaux valaient plus cher. Duran lui jura qu'il aurait davantage la prochaine fois. Le môme le crut et ramassa son argent. Dans ma poche de blouson, un magnétophone miniature m'avait permis d'enregistrer toute la conversation et, à quelques mètres de nous, un collègue de la section recherches planqué dans une voiture avait pris des photos de la remise d'argent. C'était là l'intérêt de donner rendez-vous aux informateurs à la terrasse d'un café, et non à l'intérieur. Dès cet instant, Errol était définitivement piégé : les photographies prouvaient qu'il avait accepté de l'argent de deux flics, et l'enregistrement qu'il avait trahi.

Trois autres rendez-vous furent pris. Ils permirent de nous faire clairement expliquer comment s'était préparé l'attentat, et de découvrir que le véritable patron du commando n'était pas Garbidjian mais un certain Nourik qui était parti pour l'Allemagne, aussitôt après cette réunion préparatoire, sans qu'on pût jamais l'identifier.

Au quatrième rendez-vous, Errol ne vint pas. Duran décida qu'on ne pouvait pas laisser passer cela : nous avions encore beaucoup à apprendre...

On se rendit donc à la sortie de son lycée, qui venait de rouvrir ses portes après les vacances d'été. Lorsque Errol apparut, on le suivit et avant qu'il n'atteigne son appartement de Montrouge, au détour d'une rue plus calme que les autres, on lui sauta dessus. Je le bascule, je le claque... Errol, affolé, hurle :

– Je veux laisser tomber, ce que vous me demandez est dégueulasse !

– Et poser des bombes, c'est pas dégueulasse ? Faut que tu continues à parler. De toute façon, tu ne peux rien faire d'autre. On a des photos... Des photos que ton frère ne serait pas content de voir ! Il nous connaît, ton frangin. Il sait qu'on est des flics. Il pourra se rendre compte qu'on t'a remis du fric. Et en plus, tout a été enregistré. Alors, ne viens pas nous faire la morale, petit con ! Et si tu nous fais la moindre entourloupe, si tu te plains à qui que ce soit, on aura ta peau, compris ?

Terrorisé, le gamin finit par s'excuser et promit de se rendre au prochain rendez-vous qu'on lui fixerait. Duran reprit son calme et lâcha d'une voix d'agneau :

– Tu vois, il y a toujours un moyen de ne pas se fâcher...

Quelque temps plus tard, le rapport d'une écoute nous apprit néanmoins que le gosse n'avait pas tenu sa langue. Car bien évidemment, nous avions placé le téléphone d'Errol Tasci sur écoute. Duran m'avait expliqué que c'était là un procédé systématique en pareil cas. Errol, donc, avait appelé un de ses amis et lui avait raconté que deux flics du nom de Landais et Dulot l'avaient menacé de mort. Ce n'était pas si grave, au fond, sauf que... l'ami qu'Errol avait appelé se trouvait lui-même placé sur écoute à la section recherches. Bordinat, qui n'avait jamais digéré le fait d'avoir été écarté de la section manipulation, sauta sur l'occasion. Il tenait la preuve que nous n'employions pas des méthodes orthodoxes. Il prévint aussitôt le directeur central, sûr de tenir sa vengeance. Mais le directeur, fin renard, écouta sans sourciller, puis fit comme s'il n'avait rien entendu : nous ne fûmes aucunement inquiétés.

Il est vrai qu'en moins de deux semaines, grâce à Duran, les renseignements généraux avaient retrouvé leur importance. Nous étions désormais en mesure d'expliquer comment s'était déroulé l'attentat d'Orly. Si d'un point de vue pénal nos informations n'étaient d'aucune utilité, du point de vue de la sécurité elles avaient permis de pénétrer plus avant au sein de l'Armée Secrète Arménienne pour la Libération de l'Arménie, la redoutable A.S.A.L.A. dont nous connaissions désormais les méthodes.

En quinze jours, Duran venait de démontrer son efficacité, donc l'utilité de la section manipulation, qui allait devenir au fil des mois un véritable service, étanche, intouchable, où personne ne pourrait venir fourrer son nez. Duran fit aménager notre bureau du cinquième étage de façon plus fonctionnelle. Ce n'était pas encore l'opulence, mais c'était mieux que la précarité du début. Deux étages plus bas, Bordinat continuait à vaquer à ses nombreuses et lourdes occupations, mais sans plus jamais se mettre en travers de notre route. Du moins était-ce notre conviction d'alors...

Même en ce qui concernait notre voiture de fonction, nous n'avions plus rien à quémander à la section recherches. Duran m'avait chargé de demander un véhicule au pool automobile de la direction. Il s'agissait officiellement d'un prêt provisoire, mais comme nous ne rendîmes jamais l'automobile en question, il devint définitif. En outre, mon ami Cartier vint nous rejoindre. Il était chargé de la partie administrative et de la gestion financière de la manipulation. Notre section très spéciale comptait désormais trois personnes : Duran, lui et moi.

Duran réclama en outre une « ligne morte », c'est-à-dire une ligne P.T.T. avec un numéro non répertorié. Une ligne qui officiellement n'existe pas. C'est par elle que nos futurs indicateurs allaient à partir de ce moment entrer en contact avec nous. Bref, en quelques jours, tout fut prêt pour que nous puissions nous mettre efficacement au boulot.

Pour le plus grand plaisir de notre direction qui allait enfin obtenir de solides informations, des rapports de premier choix, des résultats en un mot.

Chapitre III

LE GROUPE ANTITERRORISTE DE LIBÉRATION

QUAND UNE FAUSSE PISTE CONDUIT À UN SCANDALE

J'étais arrivé très tard à la maison d'arrêt de Bois-d'Arcy. Il y régnait un silence religieux. Le chef de détention de la prison m'accueillit. Pas à bras ouverts, mais avec respect. Ce n'était pas si mal.

La carte de visite d'un policier n'étant pas la meilleure des recommandations dans le milieu carcéral, il m'expliqua qu'il n'était pas question que l'on me jette parmi les autres prisonniers sans quelques précautions, suivant en ceci les recommandations du juge. Comme il était impossible, ici, de cacher son identité, j'avais été placé dans le quartier d'isolement afin d'éviter tout incident. Avant de rejoindre ma cellule, on m'autorisa à prendre une bonne douche et à grignoter un morceau. J'en avais besoin.

Ainsi que le règlement l'exigeait, j'avais été obligé d'abandonner toutes mes affaires personnelles, mon argent, mes papiers, le contenu de mes poches. Ne me restaient que mes vêtements. J'avais eu néanmoins le droit de commander quelques commissions qui allaient m'être livrées le lendemain matin : des cigarettes, du papier à lettres, le reste étant gracieusement fourni par l'administration pénitentiaire, qu'il s'agisse de gamelles ou de produits de toilette.

Ma cellule, sans être d'un confort absolu, était loin d'être désagréable. Un autre fonctionnaire de police l'occupait déjà : un C.R.S. inculpé de complicité dans une affaire de tentative d'homicide. Il m'accueillit chaleureusement, heureux d'avoir enfin de la compagnie. Il m'aida à m'installer puis, en quelques mots, me raconta à quoi ressemblait la vie dans cette prison.

La télévision brillait, perchée sur un coin de mur. Le son était baissé. Mon compagnon de cellule me demanda si je voulais entendre les dernières informations. Je préférais de loin qu'il me fasse son propre rapport : qu'avait-on raconté de nouveau sur l'affaire du pasteur Doucé ? J'appris ainsi que mon inculpation avait déjà été annoncée, ma détention provisoire également. Ce qui me laissait à penser que celui qui cherchait à m'enfoncer ne perdait pas de temps. J'en conclus qu'il était décidé à ce que ma « mise à mort » ne tarde pas, sans doute pour mieux étouffer l'affaire Doucé elle-même.

Du coup, je me mis à recenser le nombre d'ennemis que j'avais pu me faire dans la boîte au cours de ma carrière. Il y en avait tout de même un bon paquet. Je les divisais en deux groupes. D'abord, les « jaloux ». Je rassemblais dans cette catégorie les collègues qui, pendant huit ans, avaient systématiquement critiqué nos méthodes, à Duran et à moi, pour la seule raison qu'ils ne disposaient pas de libertés analogues aux nôtres. Ceux-là nous enviaient parce qu'ils n'avaient pas notre place, sans se demander s'ils étaient vraiment capables d'assumer nos fonctions... Et puis il y avait ceux qui un jour ou l'autre avaient été victimes de nos manigances. A tous les échelons. Au détour d'une enquête, dans le feu d'une manipulation, nous avions fait subir à ceux-là un échec, une vexation. Parfois délibérément, mais le plus souvent de façon involontaire. Il n'empêche que certains s'étaient juré de nous faire payer tôt ou tard notre arrogance. Maintenant que ma direction m'avait lâché, ils estimaient sans doute qu'il était temps de régler leurs comptes. Ils n'allaient pas me rater.

Il est vrai qu'on ne fait pas de manipulation sans provoquer quelques dégâts. Depuis l'affaire de l'attentat d'Orly où je n'avais été qu'une sorte de stagiaire qui apprenait son métier, j'avais nombre d'enquêtes délicates à mon actif et j'étais devenu un bon professionnel de l'infiltration. J'avais eu tout le loisir de me rendre compte que si l'on voulait arriver au bout de ces enquêtes, il ne fallait pas faire trop de sentiments. J'en avais eu particulièrement conscience dans les affaires de l'E.T.A. militaire : *l'Euskadi Eta Askatasuna*, autrement dit « Pays Basque et Liberté », dont j'aurai l'occasion de reparler.

***

De toutes nos missions, néanmoins, l'affaire du G.A.L. me semble avoir été la plus tortueuse. Disons que ce fut une mission où, par un concours de circonstances, Duran et moi-même avons fini par découvrir... ce que l'on ne voulait surtout pas que nous découvrions.

C'était en 1985. Nous avions du travail par-dessus la tête. Nous menions de front plus d'une dizaine d'enquêtes. Il ne se passait pas un jour sans que nous recevions des ordres nouveaux. Nous « partions à la pêche », comme on dit dans notre jargon, et nous nous débrouillions pour ne jamais rentrer bredouilles. La guerre engagée contre le terrorisme faisait rage de toutes parts.

Un matin notre directeur central, Pierre Chassigneux – qui venait d'être nommé à la tête des R.G. –, nous convoqua pour nous annoncer que le général Audran, un ponte de l'armée, chargé principalement de la vente des armes à certains pays étrangers, avait été assassiné en pleine rue. Nous étions déjà au courant, les radios et télévisions ne parlaient que de ça. Ce crime avait été revendiqué aussitôt par Action Directe, qui cherchait alors à fonder l'euroterrorisme, une sorte d'association de trois groupes violents : la Fraction Armée Rouge allemande, héritière de la bande à Baader ; les Cellules Communistes Combattantes belges, et Action Directe elle-même. Le bruit courait qu'une liste de personnalités « à éliminer », occupant des postes importants en Europe, avait été établie par les trois groupes, de la lettre A à la lettre Z. Le général Audran semblait être le premier de cette liste.

Action Directe, encore eux... Hélas, depuis 1983, à la suite du fameux pacte « libération de Rouillan et Ménigon contre une promesse de non-agression », nous avions quasiment perdu de vue les leaders de ce groupe terroriste. Nous n'avions surtout plus d'informateurs infiltrés parmi eux. Et voilà qu'ils repassaient à l'attaque, ce que seul l'Élysée n'avait pas prévu ! Il fallait tout reprendre de zéro, mais comment ?

Précisons en outre qu'à l'époque, nous n'avions plus le privilège de dépendre uniquement du directeur des R.G., et de lui seul. Un certain André Ferrand venait d'être nommé sous-directeur de la recherche, après moult intrigues auprès de l'Élysée, et avait demandé à partager notre bureau ! Sans doute préférait-il nous avoir à l'œil et nous amadouer plutôt que de nous compter parmi ses ennemis. Duran et moi étions devenus des personnages assez redoutables au sein des R.G., mieux valait nous ménager, devait penser le nouveau venu. Il nous parlait avec courtoisie, ne nous donnait pas d'ordres mais des conseils, et un certain courant de sympathie semblait passer dans le bureau commun.

Mais si Ferrand pouvait ainsi aimablement nous surveiller, nous étions, de notre côté, au courant de tout ce qu'il tramait. Nous jouions parfaitement le jeu de la connivence. Ferrand recevait ses rendez-vous devant nous, parlait librement, tout en nous demandant de ne pas « retenir » certaines conversations. Nous hochions la tête...

– Bien évidemment, monsieur le directeur : vous nous connaissez...

Et scrupuleusement nous notions tout, enregistrements à l'appui. Le soir, après le départ de Ferrand, nous fouillions dans ses papiers et dans notre coffre commun, photocopiant les documents confidentiels et la liste de tous les individus que notre sous-directeur avait placés sur écoute téléphonique.

En contrepartie, Ferrand était au courant de nos propres projets, au moins sur le plan officiel.

Que l'assassinat du général Audran fût revendiqué par Action Directe ne l'arrangeait pas. Disons pour le moins que cela devait déranger ses amis de l'Élysée : le fameux pacte « amis-amis » avec Rouillan et Ménigon les couvrait aujourd'hui de ridicule.

Or, à la suite de cet attentat, nous avions reçu plusieurs comptes rendus de conversations avec un informateur (on appelle ça des notes de contact), émanant de la direction régionale des R.G. de Bordeaux, notre succursale du sud-ouest de la France en quelque sorte. Duran et moi avions pour habitude de prendre très au sérieux leurs renseignements. Plongés au cœur du problème basque, dans l'intimité du milieu bordelais que l'on savait ultra-puissant, utilisant eux aussi des informateurs, nos collègues de Bordeaux étaient au courant de pas mal d'affaires louches. Jusqu'à ce jour, ils nous avaient toujours refilé des tuyaux de première main.

En l'occurrence, leurs notes de contacts faisaient état d'un informateur, Alexandre, qui était en fait une informatrice prénommée Anne, gérante d'un bar de nuit dans le centre de la ville. Et ces notes de contact allaient à l'encontre de la piste « Action Directe ». Selon Alexandre, les meurtriers du général Audran étaient deux tueurs intimement liés au G.A.L. : le Groupe Antiterroriste de Libération, qui faisait des ravages dans les rangs de l'E.T.A. militaire, groupement nationaliste et indépendantiste basque espagnol. En réalité, le G.A.L. était une police parallèle animée par le gouvernement espagnol et dont le but était d'éliminer physiquement les militants d'E.T.A. militaire espagnols réfugiés en Pays basque français.

Un des deux tueurs présumés du général Audran, un certain « Philippe », était l'amant d'Anne-Alexandre, l'informatrice bordelaise. Elle avait raconté que peu de temps avant le crime « Audran », ce Philippe était parti pour Paris en compagnie d'un certain Rachid – membre du milieu bordelais –, afin « d'exécuter un contrat », ce qui en langage voyou signifie perpétrer un assassinat. Sans trop donner de détails à sa maîtresse, Philippe lui avait quand même confié que la personne visée par ce contrat était un militaire de haut rang. Quand quelques jours plus tard Anne apprit l'assassinat du général Audran, elle fit le rapprochement et rapporta ce qu'elle savait à son manipulateur des R.G. de Bordeaux.

Cette piste bordelaise séduisait beaucoup notre sous-directeur. Que dis-je ? Il était excité comme une puce ! Action Directe écartée de ce crime, voilà qui arrangeait ses sympathies élyséennes, et aussi son arrivisme ! En effet, le S.R.P.J. (service régional de police judiciaire) de Versailles menait de son côté sa propre enquête, puisque l'assassinat d'Audran avait eu lieu dans le département des Yvelines où il était compétent. Or le S.R.P.J. de Versailles suivait la piste « Action Directe » tête baissée. Quelle aubaine si Ferrand pouvait, grâce à Bordeaux, les mettre en défaut ! Quel coup d'éclat, vis-à-vis de la présidence ! De quoi briguer, sans nul doute, un poste bien plus important que celui de sous-directeur des renseignements généraux...

Duran et moi étions beaucoup moins emballés. Les révélations d'Alexandre méritaient d'être sérieusement vérifiées. La coïncidence entre le voyage parisien de Rachid et Philippe et l'assassinat du général demeurait troublante, mais une question nous turlupinait : Pourquoi Anne-Alexandre avait-elle trahi son amant ? N'était-elle pas, pour d'obscures raisons, en train de balader les R.G. de Bordeaux sur des chemins de campagne ?

Pour en avoir le cœur net, Ferrand nous demanda de nous rendre illico dans la capitale d'Aquitaine.

***

Il ne nous fallait pas plus de deux heures pour faire nos valises. Duran avait toujours avec lui une mallette pour le cas où... Quant à moi, en un rien de temps, je rentrais à la maison rassembler le strict nécessaire pour des voyages qui n'excédaient jamais cinq ou six jours, trop de travail nous attendant à Paris.

On récupéra la R 18 bleue qu'on s'était octroyée. J'étais un piètre conducteur et Duran, même s'il ne voulait pas le reconnaître, était aussi dangereux que moi avec un volant entre les mains. Nous n'avions pas ce côté Starsky et Hutch, encore moins l'aspect « inspecteur Gadget » qui font le ravissement des téléspectateurs mais qui n'existent jamais dans la réalité. Sur le plan de la mécanique, on n'était pas des cracks. En revanche, ma pratique assidue du tir et du karaté suffisait à nous rassurer en cas de coup dur. Surtout Duran...

On roula de nuit et le lendemain matin, à peine arrivés à Bordeaux, nous avions retrouvé deux vieilles connaissances : monsieur Cazes, le directeur régional des R.G. de Bordeaux, et Christian Ballé-Andui, commissaire de police, chef de la section recherches de cette même direction. Des amis.

La joie des retrouvailles passée, dans le bureau de Cazes, nous avions exposé l'objet de notre voyage : voir l'informateur que leur service avait répertorié sous le pseudonyme d'Alexandre. Nous tenions à vérifier ses déclarations. Pour ce faire, nous voulions rencontrer le policier qui le manipulait, puis Anne-Alexandre elle-même, afin de lui poser des questions supplémentaires.

Ni Cazes ni Ballé-Andui n'étaient hostiles à notre démarche. Ils étaient au contraire prêts à tout pour nous aider : nous avions en commun le goût de l'efficacité.

Après un déjeuner bien arrosé, Christian Ballé-Andui convoqua donc son inspecteur-manipulateur dans son bureau. Celui-ci s'appelait Jacques. Il avait à peine quarante ans. Nous savions qu'il appartenait à une famille honorablement connue, et il avait davantage l'allure d'un homme d'affaires que d'un flic.

A peine eut-il commencé de parler que Duran et moi remarquions dans sa voix comme une gêne. Il s'exprimait comme s'il avait été amoureux de ladite Anne-Alexandre. Quand on lui annonça qu'on voulait connaître son identité, il répondit qu'elle appartenait à un excellent milieu. Quand on lui demanda comment il l'avait recrutée, il nous jura qu'il ne lui avait jamais donné un sou pour ses informations, mais qu'il lui envoyait des fleurs. Bref, il tournait autour du pot pour ne pas situer exactement son informatrice. Ballé-Andui dut intervenir pour qu'il lâche enfin le morceau. Je suppose que « Jacques » connaissait notre réputation. Ces derniers temps, il n'avait jamais été bon d'avoir sur le dos le duo « Dulot-Landais », alias Dufourg-Duran. Il savait que si nous mettions la main sur son informatrice, nous ne la lâcherions pas de sitôt. Si vraiment il en pinçait pour elle, il avait plutôt raison de ne pas se montrer tout à fait coopératif. Mais enfin, le renseignement étant le renseignement, il lui fallut bien se mettre à table.

Il finit donc pas nous dévoiler la situation de la fameuse Anne. Nous savions déjà qu'en fait d'excellent milieu elle évoluait dans un bar. Mais quand Jacques nous donna le nom de ce bar, nous sûmes tout de suite que ce n'était pas un endroit chic, genre rendez-vous d'affaires. Lors d'une de nos précédentes missions dans la région, nous avions eu l'occasion d'aller y prendre quelques verres, et l'endroit n'avait rien de catholique. Au rez-de-chaussée c'était un simple bar de nuit, mais au premier étage se déroulaient des partouzes organisées par Anne, prostituée en chef, en quelque sorte. Dans ces réunions échangistes venait s'encanailler le Tout-Bordeaux. Anne racontait volontiers qu'elle y avait reçu, un jour, un directeur du fisc. Elle s'était arrangée pour tirer le portrait du bougre, en tenue d'Adam et dans tous ses états, et elle avait ressorti les photos lors d'un contrôle fiscal. Tout s'était arrangé comme par enchantement... Précisons que le soir où nous nous étions rendus chez elle, nous n'avions pas dit que nous étions des flics. On s'était contenté de se présenter comme des V.R.P., des voyageurs représentants placiers. Ce n'était qu'un demi-mensonge : après tout, nous étions réellement des V.R.P., mais dans le sens voyageurs représentants de la police.

Nous allions donc revoir cette chère Anne. Nous avons demandé à Jacques de nous organiser un rendez-vous le soir même. Il essaya d'atermoyer, en vain.

Duran lui fixa même l'heure, et sans appel : vingt et une heures, après le dîner.

Peu de temps après, Jacques nous confirma que le rendez-vous était pris. Il devait avoir lieu dans les parages du cabaret de ladite Anne.

A vingt et une heures, ponctuels, nous garions nos voitures près de l'établissement d'Anne-Alexandre. Dans la première voiture se trouvaient Ballé-Andui, Duran et moi-même; dans la seconde cinq inspecteurs en civil, dont Jacques. Nous étions postés assez loin du bar pour ne pas être repérés. Il ne fallait pas griller Alexandre. Personne ne devait savoir qu'Anne-Alexandre était bavarde et se confiait à des types des renseignements généraux. Jacques avait été chargé de vérifier qu'elle se trouvait bien à l'intérieur de son cabaret, avant de l'entraîner discrètement vers nous.

Seulement... Anne n'était pas là ! On attendit un peu et, au bout d'un quart d'heure, Duran demanda à Jacques d'aller voir à nouveau s'il la trouvait dans le bar. Personne. Duran se mit à tempêter, hurlant que Jacques traînait des pieds pour qu'on ne voie pas son informatrice. Avant que cela ne dégénère, j'ai demandé à Jacques d'appeler Anne chez elle et de lui dire que si elle n'était pas sur les lieux dans la demi-heure, on foutrait le feu à son bar.

La manœuvre fonctionna : dix minutes plus tard, Anne venait nous rejoindre. On laissa l'inspecteur Jacques et Ballé-Andui sur place et on embarqua, Duran et moi, la belle Anne dans notre voiture.

Nous prîmes la direction du port et des quais. La pénombre inquiétante des docks nous parut le cadre idéal pour faire connaissance. On immobilisa la voiture. Duran resta devant; moi, je vins m'asseoir derrière à côté de cette femme qui n'était en fait pas très jolie mais qui demeurait désirable. Elle se souvenait de nous, mais en « V.R.P. ». On lui raconta qu'on était en réalité deux émissaires du gouvernement en mission spéciale, et que l'on s'appelait Dulot et Landais.

Elle subit son interrogatoire sans faire de difficultés. Elle admit volontiers qu'elle était la maîtresse du dénommé Philippe et qu'en effet, peu avant l'assassinat du général, ce dernier était monté à Paris avec Rachid, afin d'effectuer un contrat sur la personne d'un militaire de haut rang. Après l'annonce officielle de l'assassinat d'Audran, elle avait déduit qu'il s'agissait de ce contrat, sans en être pourtant certaine.

Tout cela, nous le savions déjà par son manipulateur. On demanda de plus amples précisions. Elle nous apprit alors que les deux tueurs avaient été hébergés à Ury, en Seine-et-Marne, et qu'ils étaient revenus à Bordeaux quatre jours après le meurtre : c'était le délai qu'ils avaient l'habitude de laisser passer après chacun de leurs méfaits.

Notre conversation dura un peu plus d'une heure, et l'on convint d'un nouveau rendez-vous pour le lendemain. On ordonna en outre à Anne de ne plus rien dire à l'inspecteur Jacques et de nous réserver, dorénavant, la primeur de ses informations.

Au retour de ce rendez-vous, on a fait le point avec le directeur des R.G. de Bordeaux, Cazes, et avec Ballé-Andui. Nous étions perplexes, mais une chose nous apparaissait certaine : ou le crime « Audran » était l'œuvre d'Action Directe, ou il était celle du G.A.L., mais certainement pas des deux à la fois. On voyait mal Rouillan s'acoquiner avec des tueurs du milieu, et encore moins avec une police parallèle antiterroriste comme le G.A.L... Restait à choisir entre les deux pistes.

Le lendemain matin, comme prévu, nous avons revu Anne, seule, dans son cabaret fermé. L'interrogatoire se faisant plus pointu, elle nous apprit qu'en réalité ce cabaret appartenait à Jean Fouillat, grand patron du milieu bordelais. Ce caïd était une vieille connaissance des services de police. Il était surtout connu pour être le gendre de Jo Attia, alias le grand Jo, qui avait fait partie du fameux gang des tractions avant, que dirigeait à l'époque Pierre Loutrel, dit Pierrot le Fou. Nous savions que Fouillat, pour sa part, avait appartenu autrefois à une équipe de truands parisiens, avec les frères Perret. Or il se trouvait que ces frères Perret avaient fui en Espagne, où ils étaient toujours, et nous savions qu'ils étaient chargés par la police espagnole de recruter des tueurs pour le Groupe Antiterroriste de Libération, le fameux G.A.L.

Voilà qui nous permettait d'y voir un peu plus clair. Au départ, il nous avait paru invraisemblable qu'Anne « donne » son amant Philippe; maintenant, nous découvrions qu'avec la dizaine de filles qui opéraient sous ses ordres, elle se trouvait bel et bien « maquée » par le maître du milieu bordelais. Ce dernier était-il intervenu pour qu'elle balance Philippe et Rachid ? Nous l'ignorions mais ce qui était certain, c'est qu'elle ne nous aiderait pas davantage sans avoir le feu vert de Fouillat. Il nous fallait donc rencontrer celui-ci au plus vite.

Duran tendit le téléphone à Anne, et lui intima l'ordre d'appeler Fouillat. Nous voulions le voir après le déjeuner à quatorze heures.

A quatorze heures précises, le père Fouillat était là, en compagnie d'Anne-Alexandre. C'était un homme d'une cinquantaine d'années, très chicos dans sa veste de cachemire, affichant une belle gueule de truand au faîte de sa gloire. Les présentations ne traînèrent pas. Entre fripouilles, nous n'allions pas nous faire des civilités, d'autant que chacun savait que l'autre mentait plus ou moins. J'avais un magnétophone sur moi pour enregistrer la conversation, au cas où l'on nous accuserait un jour d'avoir magouillé avec un ponte du milieu.

On servit à Fouillat le même couplet qu'à Anne : nous étions des représentants du gouvernement, en mission spéciale, chargés de l'enquête sur l'assassinat du général Audran. Notre requête était des plus simples : Anne, ici présente, possédait des informations de la plus haute importance, et nous souhaitions obtenir de sa part de plus amples confidences sur deux individus qu'elle connaissait très bien, Philippe et Rachid.

Usant de diplomatie, on dit à Fouillat qu'on avait parfaitement saisi que, sans son accord, Anne ne parlerait pas. Il fallait qu'il lui donne la permission de nous aider. On sortit pour finir l'étendard français sur fond de *Marseillaise*, rappelant à Fouillat qu'au temps du général de Gaulle, son beau-père Jo Attia, lui aussi, avait collaboré avec le gouvernement de la France dans la lutte contre l'O.A.S.

Fouillat fit mine de réfléchir, ce qui lui donnait de l'importance. Nous savions cependant qu'il ne refuserait pas le marché. Nous avions prononcé le mot magique : Rachid. Nous avions appris par nos informateurs bordelais que ce Rachid, un tueur et un instable, vivait un peu en marge du milieu bordelais qui ne le voyait pas d'un bon œil. On le soupçonnait même de rançonner Fouillat en personne. Et voilà que deux émissaires du gouvernement venaient offrir à celui-ci la possibilité de faire tomber ledit Rachid : comment n'aurait-il pas saisi l'aubaine ?

Il la saisit... avec toute la discrétion qui s'imposait. Il nous annonça simplement :

– Vous savez, Rachid, c'est un voyou de petite envergure, il ne respecte pas les règles, il peut être dangereux...

Traduction : « Si vous me débarrassez de lui, vous avez ma bénédiction. » Mais tout cela devait être dit – et entendu – à mots couverts : Fouillat ne pouvait pas perdre de sa superbe en avouant que Rachid le gênait. Partant, il accepta qu'Anne coopère.

D'emblée, celle-ci se montra en effet plus serviable. Elle accepta qu'on vienne fouiller dans ses documents, ce que l'on fit. On ne trouva pas grand-chose, sinon une lettre qui avait été envoyée à un certain Cier-Vianney, à l'adresse du cabaret. A cet instant, cette lettre ne figurait pour nous qu'un détail. Cier-Vianney lui aussi était une vieille connaissance : un membre d'Iparretarak, le groupe nationaliste basque français.

On ne saisit pas la lettre et on la remit à sa place. Anne nous regardait faire sans rien dire. Avant de la quitter, nous sommes convenus d'un autre rendez-vous pour la semaine suivante : nous devions rentrer à Paris.

***

De retour dans la Capitale, nous fîmes part de nos réserves à Ferrand. Bien des choses ne collaient pas. La coopération trop facile de Fouillat nous laissait penser qu'il espérait simplement se servir de nous pour éliminer Rachid. Par ailleurs, le fait que Philippe et Rachid se soient trouvés à Paris au moment de la mort d'Audran ne nous expliquait pas l'intérêt que le G.A.L. aurait pu avoir à supprimer le général. Enfin nous trottait toujours dans la tête l'évidence qu'Action Directe avait revendiqué l'attentat, et que cette revendication avait été authentifiée. Comme par ailleurs nous ne pouvions imaginer une quelconque « alliance » entre le G.A.L. et

Action Directe, nous commencions à nous dire sérieusement que nous perdions notre temps sur la piste bordelaise.

Mais Ferrand ne voulait rien entendre. Il croyait dur comme fer à cette piste et voulait que l'on continue les investigations. Il souhaitait qu'on localise les deux tueurs et qu'on en apprenne davantage sur leur séjour à Paris. Pour cela, il fallait questionner de nouveau la chère Anne.

La semaine suivante, on repartait donc pour Bordeaux. Mais nous avions reçu l'ordre d'opérer en solo et de ne prévenir personne. Pas même notre ami Ballé-Andui, en qui nous avions pourtant une confiance sans bornes. Longtemps, celui-ci m'a reproché cette petite trahison. Nous en parlions toujours de la même manière. Il me disait : « Ce jour-là, tu m'as fait une niche. » Je répondais invariablement : « C'était pour ton bien, Christian. » Il répliquait : « En effet, ce jour-là tu m'as fait beaucoup de bien ! »

Évidemment, pour notre sous-directeur Ferrand, tenir secrète notre démarche et n'avertir ni Cazes ni Ballé-Andui était une façon de s'assurer qu'il ne partagerait pas le biscuit avec qui que ce soit. Si la piste était bonne, le mérite lui en reviendrait à lui, et à lui seul.

Nous arrivâmes dans l'après-midi. Nous nous installâmes dans un hôtel du centre-ville, décidant que nous ne fréquenterions pas les endroits où nous avions une petite chance de tomber sur Ballé-Andui. On dissimula notre R 18 trop connue dans le parking de l'hôtel, préférant ne la sortir que quelques minutes avant notre rendez-vous avec Anne, pris la semaine précédente.

Vers dix-neuf heures, comme convenu, on se gara à une quinzaine de mètres du cabaret, puis on attendit

Anne... Une heure passa... De la plus proche cabine téléphonique, je commençai à l'appeler régulièrement, chez elle et dans son cabaret, sans jamais obtenir de réponse. Duran était en rage. On planqua ainsi jusqu'à quatre heures du matin. Là, on décrocha, en se disant qu'on reviendrait quatre heures plus tard.

On attendit toute la journée. J'appelais toujours au téléphone : rien. Pas d'Anne. Le bar fermé. Il n'était pourtant pas question de remonter à Paris sans avoir vu la dame. On décida d'aller manger un morceau rapidement puis de revenir planquer le bar.

La nuit tombée, les passants rentrés chez eux, nous étions toujours dans notre voiture. Je commençais à en avoir ras le bol de mes aller et retour à la cabine téléphonique. Duran ne décolérait pas, se jurant de faire payer à Anne toutes ces heures perdues.

Aux environs de vingt-trois heures, pourtant, alors que nous avions les yeux rivés sur les fenêtres du cabaret, Duran m'affirma qu'il venait de voir une ombre à l'intérieur. Je lui suggérai que c'était peut-être une illusion d'optique, à mettre sur le compte de la fatigue. Duran, déjà passablement énervé, se fâcha presque. Deux heures plus tard, de manière à me persuader qu'il n'avait pas eu la berlue, Duran décida d'intervenir. Il avait récupéré deux pavés dans cette intention. On fit le tour du pâté de maisons en voiture et, en passant devant le bar, on balança les pavés dans la vitrine, comptant bien que si quelqu'un se cachait à l'intérieur il réagirait. Sitôt les deux pavés balancés, on se remit en position d'attente. Les yeux écarquillés, on scrutait l'intérieur du cabaret. Au bout de trois ou quatre minutes, ce coup-là je pouvais aussi le jurer, le rideau bougea. Comme si quelqu'un, en usant de mille précautions, était en train d'observer la place. On décida qu'il était temps de procéder à une seconde intimidation.

J'avais préparé un petit bout de chiffon, quelques papiers et deux ou trois morceaux de bois, que j'avais imbibés d'essence. On refit le tour du pâté de maisons et, au passage, on mit le feu à la porte d'entrée du bar. Oh, un petit feu, qui s'éteignit très vite, juste histoire de faire peur. Seulement, hélas, toujours pas de réaction. Cette fois, il fallait utiliser les grands moyens.

Je courus à la cabine téléphonique et j'appelai police secours. D'une voix affolée, j'ai déclaré qu'il venait d'y avoir un meurtre dans le cabaret, qu'un client ivre avait tiré sur une fille et s'était enfui. Puis je suis revenu à la voiture et nous avons attendu...

Trois minutes plus tard, quatre cars de police déboulèrent toutes sirènes hurlantes devant le bar. Une bonne dizaine de policiers, arme au poing ou pistolet-mitrailleur à la hanche, se précipitèrent à l'intérieur du cabaret. De notre poste d'observation, nous avions presque envie de rire. J'en avais fait un chouia de trop. Il n'empêche que, devant tout ce ramdam, la porte s'ouvrit. Et qui vit-on apparaître ? Notre Anne ! Elle se foutait de nous ! Duran allait se précipiter pour lui dire deux mots, quand je lui fis remarquer que ce n'était peut-être pas tout à fait le moment. Les gardiens de la paix, qui n'avaient pas trouvé le moindre cadavre à l'intérieur du bar, entreprenaient de fouiller le quartier. On eut juste le temps de s'aplatir dans le fond de la voiture avant que le faisceau d'une lampe torche ne la balaye. Il était préférable d'attendre – encore ! – qu'Anne sorte pour tenter quoi que ce soit.

A neuf heures du matin, enfin, elle sortit au grand jour, un petit cabas à la main. Il n'était pas question qu'elle fasse trois mètres de plus. On lui sauta dessus et on l'obligea à nous faire entrer dans sa boîte. Avant même qu'elle n'ait eu le temps d'émettre la moindre protestation, elle prit une gifle, puis une deuxième, une troisième, une quatrième. Nous n'étions pas contents, il fallait qu'elle le sache. Entre deux gifles, on s'offrit le luxe d'une petite perquisition sauvage, dite « à la mexicaine ». Cela consistait à tout fouiller, les tiroirs, les placards, les bureaux, les vaisseliers, puis à déranger ce qui était encore en place. Grosso modo, il s'agissait de faire aussi bien qu'un ouragan.

Anne, à ce train-là, ne tarda plus à nous faire des excuses. Manifestement elle avait peur, mais moins de nous que des « autres », semblait-il. Elle avait peur de Philippe, son amant, qui ne devait pas être un rigolo, et du sinistre Rachid, qui intimidait Fouillat lui-même.

On la rassura comme on put, et elle accepta de nous emmener dans une propriété qu'elle avait aux environs de Bordeaux. A Camblannes, plus précisément. Elle y possédait une jolie maison isolée dans la campagne et flanquée d'un parc magnifique, nanti d'une piscine gigantesque. Elle nous apprit que c'était là que Rachid et Philippe s'étaient entraînés au tir avant de monter à Paris. Nous espérions retrouver les balles. Si c'étaient les mêmes que celles qui avaient tué le général Audran, ce ne serait pas une preuve irréfutable mais tout de même, cela commencerait à faire beaucoup de coïncidences.

A quatre pattes, nous avons cherché pendant des heures : bernique! Les seuls indices qui nous tombèrent sous la main furent des étuis, des « douilles » de 11,43 marquées H.P., soit Hintre Patronen : le calibre et la marque des balles qui avaient servi à l'assassinat. Cela ne prouvait rien mais c'était troublant.

Il était temps de repartir pour Paris. Avant que nous la quittions, Anne nous précisa que pour aller exécuter leur contrat parisien, Philippe et Rachid s'étaient servis d'une voiture faussement immatriculée.

– Si vous revenez la semaine prochaine, nous dit-elle, je pourrai vous montrer les fausses plaques d'immatriculation.

Aussitôt, nous avons téléphoné à Ferrand pour lui faire part des nouveaux éléments que nous avions glanés. Notre sous-directeur ne tenait plus en place. A son avis, plus ça allait, plus la piste bordelaise paraissait fiable. Le S.R.P.J. de Versailles, obsédé par Action Directe, faisait fausse route tandis que lui, Ferrand, tenait presque les coupables ! Il me donna l'ordre de remonter immédiatement à Paris pour lui apporter les fameuses douilles.

A peine les eut-il en main qu'il appela son collègue du S.R.P.J., Claude Bardon, pour lui claironner son succès. Stupéfait, Bardon demanda qu'on lui apporte ces douilles, qui pour lui n'étaient pas fatalement des pièces à conviction. De surcroît, Bardon était furieux. Il ne voyait pas ce que les R.G. venaient faire dans cette enquête qui était de son ressort. « L'intuition » de Ferrand, il n'en avait rien à faire : il voulait entendre le plus tôt possible l'enquêteur Dufourg qui était allé sur le terrain, et qui lui apporterait par la même occasion les douilles litigieuses.

Lui apporter moi-même ces étuis ? Il n'en était pas question. J'aurais fait l'objet d'un interrogatoire en bonne et due forme, et Bardon était tout à fait capable de me mettre en garde à vue, jusqu'à ce qu'il réussisse à me faire démonter la thèse soutenue par Ferrand. Il devait subodorer que si Ferrand faisait des vagues pour se faire valoir, Duran et moi n'étions peut-être pas tout à fait de son avis. Quoi qu'il en soit d'ailleurs, nos méthodes dans cette affaire s'avérant parfaitement illégales, elles ne pouvaient apparaître en procédure. Alors à quoi bon prendre des risques ? Je réussis à convaincre Ferrand d'expédier les douilles à Bardon par courrier interne.

Bardon, au demeurant, était bien embêté. D'un côté il ne croyait pas à la piste bordelaise, mais de l'autre le juge d'instruction lui demandait de vérifier toutes les hypothèses avant de les écarter définitivement. En jargon judiciaire, on appelle ça « fermer les portes ».

Ferrand, lui, continuait à piaffer. Maintenant, il voulait les photos des plaques d'immatriculation promises par Anne-Alexandre. Je repris la route...

Anne nous avait donné rendez-vous dans sa propriété de Camblannes. J'avais emmené avec moi un gars de la boutique qui prétendait savoir faire des photos. Je lui ai demandé de photographier d'abord l'endroit où Rachid et Philippe s'étaient entraînés, puis les plaques d'immatriculation.

Pendant qu'il prenait ses clichés, je continuais de poser des questions à Anne. Je lui demandai ce qu'elle savait du G.A.L., le Groupe Antiterroriste de Libération auquel appartenait son amant. Elle me dit un certain nombre de choses plus ou moins connues de tout le monde puis, dans le feu de la conversation, elle se mit à parler d'un appartement, dans une cité H.L.M. de la périphérie de Bordeaux, où les tueurs du G.A.L. avaient l'habitude de se rendre. Là, elle arrêta brusquement ses confidences, comme si elle en avait déjà trop dit.

Je ne pouvais pas croire qu'elle n'en savait pas davantage. J'exigeai qu'elle m'accompagne sur place. Elle refusa, puis accepta. Ses réticences mêmes piquèrent ma curiosité : je tenais absolument à voir cet appartement.

J'embarquai avec nous dans cette nouvelle balade mon collègue « photographe », non sans lui avoir demandé s'il était certain d'avoir réussi ses photos, ce qu'il me confirma. J'avoue d'ailleurs que, sur l'heure, cette histoire d'appartement m'accaparait bien plus que ces photographies. Je me fichais pas mal de la piste

« Rachid et Philippe » à laquelle je croyais de moins en moins mais, même si cet appartement n'avait rien à voir avec le meurtre du général Audran, je sentais que j'allais grâce à lui découvrir quelque chose d'intrigant.

Je me montrai de en plus insistant avec Anne qui, en cours de route, finit par vider son sac. Elle me raconta que le consul d'Espagne se rendait souvent dans cet appartement. C'était là que les tueurs du G.A.L. trouvaient leurs passeports. De vrais-faux passeports espagnols, ainsi que de vrais-faux permis de conduire, de l'argent et les indications précises concernant leurs futures victimes à abattre.

Quand la voiture stoppa devant l'immeuble, Anne refusa d'en sortir. Elle était terrifiée. Elle ne voulait pas qu'on la voie en ma compagnie. Elle me dit s'être déjà rendue dans ce lieu avec Philippe, son amant tueur, pour chercher des papiers. Je lui demandai plus précisément comment les tueurs du G.A.L. étaient avertis d'avoir à se rendre ici.

C'était tout simple. Ils étaient contactés par téléphone dans un premier temps. On leur fixait un rendez-vous dans un bar, où ils devaient apporter deux jeux de photos d'identité. Et le lendemain, on les convoquait dans cet appartement pour qu'ils retirent pièces d'identité, argent et ordres de « mission ».

Je descendis de voiture et partis seul repérer les lieux. Je venais de tomber sur une information de « première bourre », comme on dit chez nous. L'appartement était occupé par un Espagnol dont je pris le nom. Dès le lendemain, cet homme serait placé sur table d'écoute. La toute-puissante organisation du G.A.L. commençait à m'intriguer prodigieusement. Via l'affaire Audran, j'étais remonté jusqu'à eux, et je n'avais pas l'intention de m'arrêter en si bon chemin. Cela dit, je gardai le tuyau pour moi, sans téléphoner à Ferrand. Je réservais la primeur de ce « scoop » à Duran.

Le soir même, mon collègue et moi étions de retour à Paris. Les photos furent développées en express par nos amis du service central de l'identité judiciaire avec lesquels nous avions d'excellents rapports. Elles étaient toutes ratées ! Quand il les vit, Duran entra dans une de ses célèbres colères.

– Vous êtes complètement nul ! s'écria-t-il à l'adresse de mon collègue photographe. C'est plus flou que du David Hamilton ! Qu'est-ce qu'on va pouvoir tirer de ça ?

Tant bien que mal, en utilisant plusieurs négatifs, nous sommes quand même arrivés à reconstituer les plaques d'immatriculation. On rafistola les tirages comme on le put.

Ferrand les avait promis pour le soir même à l'Élysée. Il allait livrer des patchworks innommables. Notre sous-directeur était furibard.

Duran, lui, se calma très vite. J'avais eu le temps de le prendre en tête-à-tête en arrivant, et de lui raconter ce qu'Anne m'avait révélé. Le mystère de l'appartement l'intriguait autrement plus que cette piste du G.A.L. dans le meurtre « Audran », piste à laquelle ni lui ni moi ne croyions plus du tout, douilles ou pas douilles, plaques d'immatriculation fausses ou vraies.

***

Peu à peu, la fièvre enquêtrice de Ferrand sembla se calmer. Il ne nous demandait plus d'aller farfouiller dans les affaires bordelaises, il semblait avoir oublié Audran. Nous étions vaguement surpris.

Un soir, alors que nous étions, Ferrand, Duran et moi, assis à nos tables de travail respectives, quelqu'un frappa à la porte. Ferrand dit « entrez ! », et un homme apparut. Duran sursauta sur sa chaise : j'étais sûr qu'il connaissait ce type. Celui-ci se présenta sous le nom de Guerrero-Lucas. Il était clair que non seulement Ferrand l'attendait, mais que ce Guerrero-Lucas lui avait été chaudement recommandé par la hiérarchie. Ferrand le pria de s'asseoir.

J'étais incapable de dire pourquoi, mais ce gars me faisait une sale impression. Quarante ou cinquante ans, costume de coupe impeccable, attaché-case de cadre supérieur : je sentais sous ce déguisement le magouilleur, le combinard, le vrai malhonnête. Bien sûr, ce n'était qu'une intuition, mais à force de fréquenter des pourris j'avais fini par les reconnaître sous n'importe quelle apparence.

Pourtant, Guerrero-Lucas se présenta comme étant très proche du ministre de l'Intérieur espagnol. Il parla de deux commissaires avec lesquels il était en étroite collaboration : Ballesteros et Fuce. Puis il dit à Ferrand :

– C'est moi qui suis en charge du problème que vous savez.

Ce langage me parut pour le moins mystérieux, et bientôt Duran me fit un petit signe de la tête, signifiant que je devais le suivre dehors.

Là, dans le couloir, loin des oreilles indiscrètes, il me raconta que notre visiteur avait été, autrefois, un de ses informateurs. Il l'avait reconnu, et sans doute Guerrero-Lucas avait-il lui aussi reconnu Duran.

– A l'époque, c'était une petite fripouille qui gravitait dans le milieu anarchiste espagnol, plus exactement dans la mouvance du G.R.A.P.O., le Groupe Révolutionnaire Antifranquiste du Premier Octobre. Il y a sept ans de cela, me précisa Duran.

Comment un petit indic avait-il pu se retrouver, en si peu de temps, dans l'entourage immédiat d'un ministre espagnol ? De quel problème voulait-il parler, « que Ferrand savait », c'est-à-dire connaissait bien sans l'évoquer devant nous ? Qui avait donné à Ferrand l'ordre de recevoir cet homme ?

Pendant près d'un an, nous vîmes ce personnage bizarre rendre visite à notre sous-directeur, chaque semaine. Il était accompagné d'un haut fonctionnaire espagnol prénommé Pedro. A force de chercher, Duran et moi avons fini par découvrir ce qu'il tramait, et ce n'était pas rien !

A chacune de ses visites à la Direction, Guerrero-Lucas repartait avec des dossiers. Pour avoir ouvert ces dossiers en cachette, nous savions ce qu'ils contenaient. Ils contenaient les photographies, noms et adresses des militants de l'E.T.A. militaire réfugiés en France. C'est-à-dire des membres du groupe nationaliste et indépendantiste basque espagnol, à qui la France avait accordé le droit d'asile ! Ces renseignements, Guerrero-Lucas allait les apporter au gouvernement espagnol, lequel les transmettait à son tour aux tueurs du G.A.L.

Nous connaissions la suite, grâce à l'appartement que j'avais réussi à localiser dans la périphérie de Bordeaux (donc grâce à Anne, finalement). Les tueurs du G.A.L. allaient chercher leurs papiers dans l'appartement en question, plus toutes les précisions nécessaires pour cibler leurs victimes à éliminer. Des précisions fournies par le consulat d'Espagne... via les renseignements donnés par la police française !

C'était hallucinant. Jusqu'ici, personne ne s'expliquait la stupéfiante rapidité, ni la précision des attentats dirigés contre les militants basques espagnols réfugiés en France. Ceux-ci se cachaient soigneusement, sous de fausses identités, et se voyaient néanmoins décimer par des tueurs parfaitement au courant de leurs fausses identités, de leurs cachettes et de leurs faits et gestes. Par qui étaient-ils si bien renseignés ?

Maintenant, l'explication nous crevait les yeux : ils étaient renseignés, indirectement certes mais tout de même, par le gouvernement français. On ne peut imaginer plus machiavélique. Le gouvernement français accordait aux militants basques espagnols le statut de réfugiés politiques, ce qui permettait de leur faire remplir des dossiers complets les concernant. Les militants basques espagnols remplissaient des dossiers en toute confiance, se croyant en sécurité dans un pays qui les hébergeait « au nom des droits de l'homme ». On leur expliquait que ces dossiers leur permettraient d'obtenir des cartes de séjour et des permis de travail. En réalité, ils servaient à les condamner à mort.

On peut comprendre le gouvernement espagnol, qui devait quotidiennement faire face aux attentats meurtriers du terrorisme basque. Mais que peut-on penser du gouvernement socialiste de la France, qui offrait généreusement à des individus asile et liberté au nom des droits de l'homme pour mieux les envoyer au casse-pipe ?

Par ailleurs, nous savions, selon tous les témoignages, qu'une femme aux cheveux blonds, marquée d'une cicatrice au visage, avait participé à presque tous les assassinats du G.A.L. Nous avons recruté un informateur au sein de ce groupe, et celui-ci nous donna l'identité de cette femme. Elle avait été surnommée « la chienne », et résidait à Castelnaudary, dans l'Aude. Son mari était un ancien légionnaire, incarcéré pour meurtre. Nous fîmes plusieurs rapports sur elle.

Seulement voilà : « pour ne pas envenimer les bonnes relations qui existaient entre les gouvernements français et espagnol », cette femme ne fut jamais inquiétée. Une autre militante le fut à sa place, et fut présentée à la presse comme étant la tueuse du G.A.L... La vraie tueuse, elle, est encore en liberté et jouit d'une immunité incompréhensible (ou plutôt, trop compréhensible !).

***

Voilà comment Duran et moi, envoyés dans un premier temps sur une fausse piste par un sous-directeur qui voulait simplement damer le pion au S.R.P.J. de Versailles, avons découvert un véritable scandale, dont nous ne pouvions faire état, puisque l'État lui-même en était responsable.

Le S.R.P.J., pour sa part, poursuivait son enquête sur la participation d'Action Directe à la mort du général Audran. Mais ne pouvant faire fi des choses découvertes à Bordeaux, il décida d'intervenir dans cette ville. Un beau matin, une équipe de ce même S.R.P.J., avec à sa tête le commissaire principal Leroy, descendit à Bordeaux, arrêta Anne, Philippe et Fouillat et les plaça en garde à vue dans les locaux du S.R.P.J. de Bordeaux.

Après un interrogatoire serré de Fouillat l'équipe s'en prit à Anne, qui parla d'un certain Dulot et d'un certain Landais, des émissaires du gouvernement avec lesquels elle avait passé un accord. On lui ordonna de contacter ces « Dulot et Landais » sur-le-champ. Mais Anne ne connaissait bien entendu pas nos vrais noms, et n'avait pour tout numéro de téléphone que le numéro de notre « ligne morte », qu'on ne pouvait identifier.

Lorsqu'elle appela, je sentis à sa voix que quelque chose d'anormal était en train de se passer. Je fus aussitôt sur mes gardes. Lorsqu'elle demanda monsieur Dulot ou monsieur Landais, je répondis qu'il n'y avait personne de ce nom ici, et que ce numéro était celui d'une boucherie. Je l'entendis éclater en sanglots.

A son tour, Philippe fut questionné. Finalement, le S.R.P.J. les mit tous les trois hors de cause – Philippe, Anne et Fouillat – dans l'affaire Audran, et tous trois furent relâchés.

Seulement Anne était grillée. Philippe et Rachid (on n'avait pas pu retrouver ce dernier) savaient que c'était elle qui les avait donnés à la police : ce ne pouvait être qu'elle. De notre côté, bien avant que le S.R.P.J. ne puisse remonter jusqu'à nous, nous avions abandonné notre ancienne ligne morte pour une nouvelle : Anne ne pouvait donc plus nous appeler au secours. L'aurait-elle pu qu'il nous aurait été impossible de la protéger. Quelques jours après sa mise en liberté, son bar et sa maison furent incendiés, tous ses biens disparurent. Elle fut sauvagement torturée. Découverte à demi morte, elle fut transportée dans un hôpital bordelais. Ballé-Andui vint discrètement lui rendre visite, avec l'inspecteur Jacques, qui avait deviné dès le début que cela finirait mal pour elle.

Peu après, nous avons appris qu'elle avait été conduite dans un lieu d'abattage à Paris, une de ces maisons closes où les filles font jusqu'à quatre-vingts passes par jour. Un véritable supplice, réservé aux prostituées qui ont eu maille à partir avec leur souteneur. Depuis, nous n'avons plus jamais eu de ses nouvelles, hormis quelques informations qui nous laissèrent à penser qu'elle avait été abattue.

***

Quant à Bardon, le directeur du S.R.P.J. de Versailles, à qui nous avions refilé cette piste douteuse, il fut nommé sous-directeur de la recherche des renseignements généraux en 1986. C'est-à-dire qu'il devenait mon patron. Passer de la P.J. aux R.G. allait-il lui poser quelques cas de conscience ? Pas le moins du monde ! Le jour de son arrivée à la direction centrale, il vint nous rendre visite, à Duran comme à moi. Il savait très bien qu'il avait devant lui, en ma personne, le fameux Dulot qu'il avait voulu interroger à propos des douilles retrouvées dans la propriété d'Anne, et de cette satanée fausse piste bordelaise. Je lui demandai alors, d'une voix angélique, s'il souhaitait toujours que j'aille « témoigner » auprès du S.R.P.J. de Versailles à propos de cette affaire.

– La P.J. nous fait chier ! répondit-il sans ambage. Nous, aux renseignements généraux, on ne travaille pas comme eux. On n'a rien à leur dire.

Bardon était encore mon chef il y a quelques jours, avant que n'éclate l'affaire Doucé.

Chapitre IV

L'E.T.A. MILITAIRE

ARÈNES SANGLANTES

J'en suis à mon cinquième jour de prison et je dois ce matin comparaître devant le juge d'instruction de Nanterre, Nelly Delfosse. Celle-ci doit organiser un « débat contradictoire » entre le procureur de la République et mon avocat, Me Vergès, en ma présence. A l'issue de ce débat, le juge d'instruction prendra soit la décision de me maintenir en détention provisoire, soit celle de me mettre en liberté sous contrôle judiciaire. Cette obligation légale de « débat » est en réalité purement formelle. Auparavant en effet, le juge d'instruction et le procureur se sont entretenus de la conduite à tenir et les jeux sont faits. Dans mon cas, vu les « recommandations » dont je dois être l'objet, je ne me fais aucune illusion.

Je suis néanmoins heureux de voir, pour la première fois depuis mon incarcération, quelqu'un de l'extérieur. Ma femme n'a pas encore eu droit au parloir et n'a pas encore pu m'écrire. Me Vergès, que je vais retrouver à Nanterre, va m'apporter des nouvelles du dehors et il m'inspire une telle confiance que je me sens rasséréné.

Je suis donc extrait de ma cellule et conduit en fourgon cellulaire au palais de justice de Nanterre.

Là-bas, après une série de fouilles, on me place dans

une cellule privisoire où, peu de temps après, deux gardes mobiles sympathiques et diserts viennent me chercher. Avant l'audience dans le bureau du juge, ils me laissent dans la salle des avocats où je reste seul avec Me Vergès pendant quelques instants.

Celui-ci, comme prévu, me donne des nouvelles de ma famille et me raconte l'écho qu'a reçu mon affaire dans les médias, puis nous nous rendons chez Nelly Delfosse.

Dans le bureau de celle-ci se trouvent déjà le juge elle-même et sa greffière, ainsi que le procureur de la République. Le débat peut commencer... Après dix minutes de discussion, comme je l'ai imaginé sans peine, Nelly Delfosse prend la décision de me maintenir en détention provisoire.

Alors que je m'apprête à regagner ma cellule de transit au palais de justice, Me Vergès me donne un dernier conseil qui sera déterminant pour la suite des événements :

– Lorsque vous arriverez à la maison d'arrêt, ce soir, signalez que vous désirez faire appel de l'ordonnance de prolongation de la détention provisoire prise par le juge.

Ce que je fais, en fin d'après-midi, dès que j'arrive à Bois-d'Arcy.

Et me revoilà dans ma cellule, ruminant la question qui me hante : Pourquoi mes supérieurs m'ont-ils lâché ? « Mes » supérieurs, ou « mon » supérieur ? Claude Bardon, mon cher directeur... Je ne peux m'empêcher de penser à lui. Lui qui a déjà voulu me coincer quand il était au S.R.P.J. de Versailles, et qui a passé l'éponge quand il est devenu mon chef aux R.G., prouvant ainsi qu'il acceptait, tacitement, nos méthodes certes particulières mais efficaces. Claude Bardon que j'ai eu l'occasion d'estimer, mais dont je me demande aujourd'hui : « Si je croupis en taule, n'est-ce pas en partie grâce à lui ? »

C'est que j'ai quelques raisons de douter de son soutien ! Le jour même de mon arrestation, nous avons eu, lui et moi, une conversation pour le moins curieuse. Il m'avait convoqué dans son bureau pour me parler de la disparition du pasteur Doucé. Il voulait des « explications ». Que pouvais-je lui expliquer, sinon que j'étais évidemment étranger à cette disparition ? Quel intérêt aurais-je trouvé dans l'enlèvement du pasteur, alors que j'étais sur le point de recruter un individu fréquentant son association et que, pour ma mission, j'avais besoin que cette association fonctionne ? Quand le pasteur s'était évanoui dans la nature, je n'en étais qu'au début de mon travail : je tentais de manipuler le petit Didier, et j'avais, en guise de manœuvre d'intimidation, tiré dans sa porte sans blesser personne.

Cela, Bardon aurait pu, ou non, me le reprocher. Seulement, et c'est là le paradoxe de l'histoire, il ne fut pas question de Didier au cours de notre discussion. Juste du pasteur Doucé, mon chef s'entêtant dans l'hypothèse de ma participation éventuelle à son enlèvement.

– S'il est prouvé que vous êtes dans le coup, je vous enfoncerai, me dit-il. En revanche, si vous n'y êtes pour rien, j'userai de tout mon poids et de toute mon influence pour vous remettre en selle. En attendant, je puis vous assurer de ma neutralité bienveillante.

Sa neutralité bienveillante ! Alors qu'il avait eu la veille, je le savais par des collègues amis, un entretien interminable avec la P.J. à mon sujet ! Sa « neutralité bienveillante », alors qu'à peine sorti de son bureau, j'étais conduit à la brigade criminelle pour être entendu sur l'affaire Didier ! Si cela ne s'appelle pas un lâchage, quel nom cela peut-il porter ?

Et si encore il ne s'agissait que de refuser de couvrir ma manœuvre d'intimidation ! Mais il y a pire, à l'heure actuelle. Après cinq jours d'incarcération, je me retrouve livré en pâture au public comme l'assassin très probable du pasteur, dont on n'a pourtant pas encore retrouvé le cadavre!

Il y a quand même là de quoi ne pas décolérer. D'autant que – et Me Vergès, je le sais, ne se prive pas de le proclamer –, on m'a officiellement incarcéré pour un coup de feu dans une porte qui n'a fait de mal qu'à cette porte, alors qu'au cours de ma carrière, on m'avait dans la hiérarchie « suggéré » d'autres interventions! Je dis bien « suggéré » car, dans notre métier, on ne nous donne pas d'ordres en ce qui concerne les moyens à utiliser. On nous confie simplement des missions « impossibles » à réussir à tout prix, mais s'il y a une bavure, c'est à nous de payer ce prix. Quant aux interventions de la section manipulation, elles ne consistaient certes pas à se balader revolver au poing, mais parfois à manipuler des informateurs ou des alliés de fortune si dangereux que s'ensuivaient des hécatombes.

Je me souviens en particulier, à cet égard, des missions que nous avons effectuées au Pays basque, Duran et moi...

* * *

Tout avait commencé au mois de septembre 1983. A cette époque, le groupe basque français *Iparretarak* (« ceux du nord ») s'était lancé dans une grande offensive pour l'indépendance du Pays basque, côté France. Quelques mois auparavant, le leader de ce groupe, Philippe Bidart, avait abattu un gendarme au cours d'un contrôle d'identité à Leon dans les Landes. Ce même Bidart était soupçonné d'avoir tué dans le passé deux C.R.S. dans sa ville natale, Saint-Étienne-de-Baïgorry.

En cet automne 1983, à Biarritz, les attentats se succédaient à une cadence soutenue. Trop soutenue pour passer inaperçue du ministère de l'Intérieur.

Sur ordre de notre hiérarchie, Duran et moi nous sommes donc rendus en catastrophe pour travailler de conserve avec nos collègues de Bordeaux dans un seul but : faire cesser ces attentats. Par « tous les moyens », à « n'importe quel prix » : le chèque en blanc habituel, valable mais non certifié.

C'était une de mes premières missions. Elle précédait de quelques mois notre enquête sur le G.A.L., dont nous avons parlé au chapitre précédent. (Ce n'est pas que je veuille défier l'ordre chronologique, mais il m'a semblé que le lecteur, connaissant le fin mot sur le G.A.L., apprécierait mieux l'imbroglio dans lequel nous devions parfois travailler.) Je connaissais alors très mal les affaires politiques. Je ne retenais que ce qui était raconté dans la presse et je me fiais encore aux versions officielles, même si elles tenaient plus ou moins debout. Bref, j'ignorais tout des manigances et des négociations secrètes. Je n'avais pas encore la maturité d'un Duran que plus rien n'étonnait.

A Bordeaux nous avons retrouvé Christian Ballé-Andui, notre plus fidèle collègue et ami, qui dirigeait déjà la section recherches de cette ville. Ballé-Andui avait été formé par Duran, comme moi, et notre situation de « fils spirituels » du cher homme avait fait de nous des frères. Christian était un très bon flic. Il avait de l'intuition, une logique à toute épreuve, un entêtement digne d'un « R.G. », mais surtout une équipe de têtes brûlées superbement efficace.

Dans cette équipe, il choisissait pour les actions les plus délicates quatre fonctionnaires rompus à toutes les tâches : Gérard Legros, Francis Legrand, Christian « le séminariste » et Jean-Michel, dit Lucky Luke, qui pour moi devinrent des copains.

– Des menteurs, des pervers, des voleurs, bref,

d'excellents fonctionnaires des R.G. ! avait pour habitude de plaisanter Ballé-Andui.

Il ne faut rien exagérer mais il est vrai qu'un inconnu rencontrant pour la première fois ces quatre personnages aurait eu aussitôt l'impression d'avoir affaire à une bande de hors-la-loi. Seulement, ces hors-la-loi s'avéraient être les meilleurs serviteurs de la sécurité du pays. Dès l'instant où ils avaient planté leurs dents dans un gâteau, ils ne lâchaient plus jamais prise. Et l'une des plus grandes qualités de Ballé-Andui avait été de savoir s'imposer à ce commando de choc. Il avait gagné leur estime et, sans qu'il jouât les chefs, ses lieutenants le respectaient comme un vrai patron, amitié en plus.

Sous la direction de mon ami Christian, la bande des quatre avait à son actif l'un des plus beaux succès des renseignements généraux : l'arrestation de Domingo Iturbe-Abasolo, alias Txomin (prononcer Tchoumine), le numéro un de l'E.T.A. militaire qui s'était caché en France.

E.T.A. militaire. L'*Euskadi Eta Askatasuna*, le groupe indépendantiste basque espagnol et, à mon sens le groupe terroriste le mieux organisé qui soit. Une véritable armée secrète, puissante, organisée, riche, cruelle, dont Txomin était le chef suprême. L'E.T.A. militaire s'acharnait contre le gouvernement espagnol. En Espagne, leurs attentats coûtaient chaque année la vie à des dizaines de fonctionnaires de la Guardia Civil. Véhicules piégés, bombes à retardement, fusillades et autres exactions... Chaque jour, au journal télévisé, on pouvait voir les images terribles de voitures ou de casernes de police éventrées par les bombes. Sans que ladite police puisse mettre la main sur les terroristes. Quant à Txomin, il demeurait inrepérable.

L'enquête de Ballé-Andui, qui savait que Txomin s'était réfugié en France, avait duré plus de six mois.

Bien que le chef du terrorisme basque espagnol n'opérât qu'en Espagne, il pouvait représenter un danger de l'autre côté de la frontière et il était urgent de le localiser. Pas si simple, toutefois ! Planques, filatures, retournements d'informateurs, Ballé-Andui et son commando de flics avaient déployé des trésors de génie, et finalement réussi à mettre la main sur le leader.

Txomin fut interpellé, puis arrêté. Et lors d'une perquisition chez lui après son arrestation, Ballé-Andui et ses hommes tombèrent sur une masse de documents fascinants ! Selon la coutume chère aux R.G., avant de les transmettre à la police judiciaire, ils avaient épluché ces renseignements de fond en comble. C'est ainsi qu'ils avaient appris comment, à partir d'un objectif physique ou matériel en Espagne, l'exécution d'un attentat de l'E.T.A. militaire était préparée. Depuis, en somme, ils connaissaient par cœur les rouages et méthodes de cette organisation.

Voilà qui allait nous servir... Car Txomin, précisons-le, avait été remis en liberté provisoire faute de preuves le confirmant dangereux pour le territoire français, et continuait désormais de bénéficier du statut de réfugié politique sur notre sol. Il vivait à Biarritz...

Et si nous nous trouvions présentement à Bordeaux, c'était pour cette raison ! Nous voulions obtenir de plus amples informations sur Txomin et sur l'E.T.A. militaire. Pourquoi s'informer sur le groupe basque espagnol alors qu'on nous demandait en haut lieu de faire cesser les attentats du groupe basque français ? Là était toute l'astuce...

Cela peut paraître un peu alambiqué mais notre stratégie tenait debout. Étant basque moi-même, je connaissais bien les problèmes que pouvait rencontrer l'E.T.A.militaire en cette année 1983... L'E.T.A. militaire a toujours considéré la branche française de l'indépendantisme basque, Iparretarak, comme quantité négligeable... L'E.T.A. était en place depuis vingt-cinq ans, à l'époque, Iparretarak depuis fort peu de temps. L'organisation espagnole est une armée organisée, Iparretarak à ses yeux fait figure de groupuscule agitateur sans colonne vertébrale et sans logique d'action.

Et Iparretarak gêne l'E.T.A. militaire! Les militants du groupe espagnol ont pour habitude de se replier en Pays basque français tout de suite après leurs attentats. Jusqu'ici, ce repli se faisait sans problèmes vis-à-vis de la police française, qui d'une part n'était pas omniprésente, et qui d'autre part n'avait pas de raison de pourchasser des gens dont la violence ne se manifestait pas sur le territoire de la France. Mais depuis que les membres d'Iparretarak s'étaient mis à perpétrer des attentats au Pays basque français, non seulement la police était partout, mais elle pouvait aussi bien imaginer que ces attentats étaient l'œuvre des deux groupes indépendantistes.

En outre, une police parallèle animée par le gouvernement espagnol, le G.A.L., commence à se structurer dans le but d'éliminer les membres de l'E.T.A. réfugiés en France. Cela, Duran et moi le savons, et nous ne doutons pas que Txomin le sait également.

Nous pensons donc que Txomin peut éventuellement accepter de nous aider à faire cesser les attentats d'Iparretarak, pour que ses propres militants aient la paix sur le sol français. Reste à le convaincre, peut-être en agitant la menace du G.A.L. et en promettant... Nous ne savons pas encore quoi promettre au juste, mais il est certain que Txomin n'agira pas sans recevoir une monnaie d'échange.

Sur ce coup-là, Ballé-Andui peut nous donner un sérieux coup de main. Sa connaissance de l'environnement de Txomin peut nous amener à lui. Ou l'amener à nous...

Au cours du déjeuner qui suit notre arrivée à Bordeaux, Ballé-Andui nous apprend que la vie du numéro un d'E.T.A. se trouve de plus en plus menacée. C'est du moins l'impression qu'il a eue, en faisant filocher Txomin. Celui-ci ne se déplace plus jamais sans ses gardes du corps, solidement armés. Il change de domicile tous les jours, ne mange jamais au même endroit, chamboule ses horaires comme ses habitudes.

Christian nous apprend aussi que Txomin a une seule faiblesse : sa famille. Sa femme et ses enfants, qui vivent à Biarritz. Eux mènent une existence tout à fait normale et Txomin, bien que souvent loin d'eux dans sa semi-clandestinité, fait tout ce qui est en son pouvoir afin de les protéger. Cela dit, aucune menace, qu'elle concerne les siens ou lui-même, ne pourra empêcher Txomin de servir sa cause. Il lui est tout entier dévoué, sacrifié à l'avance. Je ne cacherai pas, du reste, que tous autant que nous sommes, autour de cette table, parlons de cet homme avec respect, même si nous n'approuvons pas ses méthodes.

Quoi qu'il en soit d'ailleurs, notre objectif est de le rencontrer le plus vite possible et de lui proposer notre marché... Dans l'histoire de la police française, ce plan constituait une première. Les méchants des R.G. allaient passer un pacte avec des terroristes pour combattre d'autres terroristes ! Nous voulions que les membres de l'E.T.A. militaire se chargent de mettre en veilleuse la frénésie meurtrière du groupe Iparretarak.

Entrer en contact avec Txomin n'était pas un problème, grâce à Christian Ballé-Andui. Celui-ci avait gardé de nombreux contacts avec l'E.T.A. et connaissait les points de chute éventuels de son chef. Des points de chute que tout le monde, par ailleurs, cherchait... Mais la difficulté résidait ailleurs : comment tenir cette rencontre secrète, si elle devait avoir lieu ?

Ballé-Andui se contenta de faire parvenir une convocation à Txomin, en bonne et due forme. Txomin était un réfugié politique, après tout, et s'il était recherché par toutes les polices d'Espagne, la police française, elle, n'avait pas à le persécuter. En grand stratège, Txomin n'avait jamais laissé déborder en France les actions de son groupe : il préservait sa base de repli. C'est bien pour cela qu'il voyait d'un sale œil les actions d'Iparretarak, qu'on risquait un beau jour de lui coller sur le dos.

Ballé-Andui choisit le prétexte de la mise à jour de sa carte de réfugié pour attirer Txomin dans les locaux des R.G. de Bayonne. Txomin, tenant à rester en règle, n'avait aucune raison de ne pas se rendre à cette convocation.

Au jour dit, Duran et moi étions dans les locaux des renseignements généraux de Bayonne, avec Ballé-Andui.

Et Txomin arriva. Une allure et une taille imposantes, la silhouette sportive, le cheveu mi-long, la moustache accrochée à un visage sans indulgence, et le regard dur et clair d'un homme qui a de nombreux cadavres sur les bras mais pas sur la conscience. Je ne sais pourquoi, à moi qui n'ai guère le loisir de cultiver le fantasme des images, il m'apparut soudain comme une sorte de seigneur de la guerre...

Convaincre ce chef de travailler la main dans la main avec nous n'allait certainement pas se révéler chose facile. Nous savions, certes, qu'il était préoccupé par la bataille que les tueurs du G.A.L. venaient d'engager contre ses militants. Peut-être pourrions-nous lui faire miroiter notre protection dans ce domaine ? C'était scabreux. L'homme semblait malin, rusé, cultivé, pragmatique. Dès qu'il nous aperçut en compagnie de Ballé-Andui, il comprit qu'il n'était pas là pour un simple renouvellement de papiers. Son regard prit une autre couleur, celle de la méfiance.

Sans un mot, sans une seule protestation, il se laissa pourtant conduire dans le bureau du commissaire des renseignements généraux, où nous allions être tranquilles pour parler. Tous les dossiers de ce bureau avaient bien sûr été évacués, la table de travail était rase, les chaises préparées.

Pour mettre Txomin à l'aise, néanmoins, Ballé-Andui s'esquiva et je l'imitai vite, laissant le leader de l'E.T.A. seul avec Duran. Ce genre d'entretien ne donne de bons résultats que s'il se déroule en tête-à-tête, au moins dans un premier temps.

C'est donc Duran qui, à la fin de la discussion, nous raconta comment elle s'était déroulée.

***

C'est Duran qui commence, évidemment. Il se présente. Non comme un fonctionnaire des renseignements généraux, mais comme un émissaire du gouvernement français. Vieille tactique... Il dit qu'il est mandaté par l'Élysée pour conduire ces négociations secrètes jusqu'à leur terme. Superbe mensonge : nous n'avons pas plus de pouvoir que le concierge de la rue des Saussaies.

Sans la moindre maladresse qui puisse froisser Txomin, Duran explique qu'il souhaite que celui-ci fasse pression sur les membres d'Iparretarak afin qu'ils cessent leurs attentats. Txomin, se doutant sans doute qu'on va lui demander davantage et n'ayant pas encore entendu quelle contrepartie on entend lui offrir, se contente d'écouter sans répondre. Duran n'a qu'une solution : poursuivre sans sourciller son monologue. Parfois, il plonge son regard dans celui de Txomin. Mais il n'y trouve pas la moindre lueur, le plus petit vacillement qui puisse lui indiquer s'il fait fausse route ou s'il est sur la bonne voie.

Par une série de détours, Duran en arrive au cas « Philippe Bidart », le numéro un d'Iparretarak. Il le présente comme un personnage dangereux, autant pour la France que pour l'E.T.A. militaire.

– Ce n'est pas un chef, vous comprenez. Tout ce qu'on peut lui attribuer, ce sont des actions inutiles. Une fusillade à Leon, dans les Landes, de la provocation sans résultat...

A ce moment-là, Txomin lui coupe brutalement la parole :

– Où voulez-vous en venir, au juste ?

– Je veux en venir au fait qu'il faut que tu m'aides à localiser avec précision ce Bidart? D'après mes informations, il serait à Pampelune, au Pays basque espagnol.

Txomin se garde bien de promettre quoi que ce soit. Il trouve aussitôt la parade pour se ménager un temps de réflexion. Il dit qu'il n'est pas vraiment le chef suprême de l'E.T.A., mais simplement un des représentants du comité restreint de cette organisation. Partant, avant de donner une réponse – la réponse d'E.T.A. et de ses dirigeants, pas la sienne – il doit en référer aux autres membres de ce comité restreint. En revanche, le leader d'E.T.A. ne se prive pas de demander ce qu'il obtiendrait en échange de son intervention.

Duran sort alors son atout : le G.A.L. naissant, qui menace la sécurité, jusqu'ici acquise, de la base de repli des militants indépendantistes espagnols en Pays basque français. Si Txomin l'aide à débusquer Philippe Bidart et à faire cesser les attentats d'Iparretarak, Duran se fait fort de lui fournir les informations qui pourraient lui permettre de mieux se défendre de la police parallèle à la solde de l'Espagne qui menace désormais son organisation.

Cette fois-ci, Txomin semble intéressé. Duran poursuit sa technique de persuasion :

– Vous savez tous très bien que dorénavant, ce n'est plus seulement la police espagnole votre implacable ennemi, mais aussi le G.A.L., sur le territoire français.

Et, emporté par son lyrisme, Duran se met à prédire une série d'attentats barbares contre les militants basques espagnols réfugiés en France. C'est là pure invention de sa part et pourtant, l'avenir va lui donner raison.

Touché au vif mais sans se départir de sa réserve, Txomin prend alors une feuille de papier et la tend à Duran :

– Voici un numéro de téléphone. C'est celui d'un bar de Bayonne. Appelez-moi là-bas dans une semaine, jour pour jour, à cette heure-ci. Vous direz au patron que vous voulez parler à Ramon. Je serai alors en mesure de vous donner ma réponse.

Puis il se lève et prend congé, demandant une dernière cigarette. Lui qui ne fume pas vient de griller un paquet de Gitanes sans filtre.

***

C'est donc sur la route qui nous ramenait à Bordeaux que Duran nous fit ce récit. Sept jours à attendre la décision de Txomin... Ce soir-là, Ballé-Andui, comme Duran, comme moi-même, avions besoin de nous changer les idées. Après le dîner, on est allés dans une boîte de nuit. Perturbés, on a bu et fumé un peu plus que d'habitude. La partie s'annonçait serrée...

Nous sommes repartis pour Paris le lendemain, Duran et moi, et Duran a fait un compte rendu de notre mission au directeur central.

Huit jours plus tard, comme convenu, nous avons appelé Txomin au téléphone. Il n'était pas question que celui-ci nous donne sa réponse au bout du fil, enregistrement à l'appui : il devait connaître nos manières. Rendez-vous fut donc pris, deux jours plus tard, toujours dans les locaux des R.G. de Bayonne : Txomin n'avait sûrement pas envie de se faire voir en notre compagnie par l'un de ses militants, dans le cadre d'un bar ou d'un restaurant qui laisserait supposer une certaine connivence.

La réponse du leader de l'E.T.A. militaire tenait en deux phrases : faire interrompre temporairement les attentats d'Iparretarak, d'accord; livrer l'adresse exacte de Philippe Bidart, le chef du groupe, pas question. Le comité restreint d'E.T.A. avait été formel là-dessus, insista Txomin.

En fait de comité restreint, je crois bien qu'il se restreignait à lui-même. Ma conviction intime reste que Txomin n'avait pris l'avis de personne et avait décidé tout seul. Il avait dû penser que négocier une trêve d'Iparretarak représentait une tactique, mais que « trahir » Bidart aurait été salir un idéal commun.

Txomin tint parole : pendant quelques mois, Iparretarak ne commit plus d'attentats.

Mais avions-nous tenu notre promesse vis-à-vis de Txomin ? C'était une autre histoire... Quand nous lui avions promis notre aide à propos du G.A.L. nous étions sincères, seulement cette organisation semblait désormais avoir d'étranges atouts en main. Les coups qu'elle portait à l'E.T.A. devenaient de plus en plus durs et précis. Le G.A.L. semblait tout connaître des cachettes des indépendantistes basques espagnols en France. Le lecteur sait, lui, la façon dont la police parallèle à la solde de l'Espagne était renseignée. Mais nous l'ignorions encore à l'époque. Nous ignorions que c'était notre propre ministère de l'Intérieur qui fournissait aux tueurs du G.A.L. les adresses et les fausses identités des réfugiés basques espagnols. Txomin continuerait-il à museler Iparretarak pour nos beaux yeux, sans rien recevoir en retour ?

Et pourtant, il nous allait falloir de nouveau faire pression sur lui. Nos supérieurs, en effet, estimaient que nous n'avions rempli que la moitié de notre mission : calmer les militants d'Iparretarak. Restait à localiser leur chef, Philippe Bidart. En persuadant Txomin de nous donner à nouveau un coup de main, malgré son refus initial. Voilà qui ne promettait pas d'être commode.

Un concours de circonstances allait peut-être nous servir dans cette démarche. En 1984, nous avions recruté un informateur au sein même du G.A.L. Celui-ci semblait avoir une bonne connaissance du groupe E.T.A., et nous avons commencé à l'infiltrer dans ce mouvement. Un agent double, en quelque sorte... Cet informateur habitait Biarritz et fréquentait le milieu des réfugiés basques espagnols dans la région. Peu à peu, il nous apporta quelques renseignements sur eux, quelques histoires à double tranchant qui nous permettraient peut-être un jour de refaire pression sur Txomin.

Par mesure de prudence, nous rencontrions cet homme dans une cafétéria d'Irún, à la frontière, côté espagnol. Là, au moins, nous étions certains que les militants basques réfugiés en France ne viendraient pas fureter.

C'est que nous nous inquiétions pour notre informateur. Faire à la fois provision d'informations au sein du G.A.L. et chez les réfugiés espagnols, c'était jouer avec le feu. Au fil des rencontres, nous avions sympathisé, et nous tentions de le mettre en garde. Il feignait de se moquer de notre appréhension, nous affirmant qu'il ne risquait rien ; mais nous sentions chez lui une sorte de fatalisme : les « agents doubles » meurent rarement dans leur lit.

Nos craintes n'allaient pas tarder à devenir réalité. Un jour qu'il déjeunait dans la cafétéria d'Irún, un véritable commando, conduit par une femme, pistolet-mitrailleur au poing, entra en force dans l'établissement. Notre ami n'eut pas le temps de faire un geste, les tueurs se ruèrent sur lui, tirèrent et s'enfuirent. Tout de suite après, la femme qui conduisait l'équipée revint sur ses pas, s'agenouilla sur sa dépouille et lui tira deux autres balles dans la tête. Deux balles inutiles...

Cette femme était surnommée Yoyès. C'était une amie de Txomin...

***

Cet assassinat nous resta en travers de la gorge. Les deux balles de trop, surtout...

Sans doute Yoyès, de son côté, estima-t-elle un jour que l'escalade de la violence devenait intenable. La fin a beau justifier les moyens, arrive un moment où les moyens utilisés « pour le bien » d'une cause entachent son image. Ce fut le cas pour un attentat commis à Barcelone par les militants de l'E.T.A. militaire, qui se transforma en carnage. A la suite de ce crime, le gouvernement espagnol se déclara prêt à négocier une trêve avec l'E.T.A.

Cette proposition troubla certains militants et le

groupe compta dès lors deux clans : les ultras, opposés à tout compromis, et ceux qui se montraient favorables à la négociation. Paradoxalement, Txomin et Yoyès appartenaient à ce deuxième clan. Du coup, Txomin se vit rapidement contesté par une partie de l'organisation dont il restait pourtant le chef. Sa subite modération ne plaisait pas à tout le monde.

Yoyès, pour sa part, décida de se mettre en congé de son groupe terroriste et partit quelque temps séjourner au Venezuela. Elle pensait revenir en Espagne quand les événements seraient un peu calmés.

Il faut croire qu'on ne pardonna pas à cette femme d'être passée du rôle de furie vengeresse à celui de négociatrice en puissance. Dès son départ, le bruit courut qu'elle avait fourni des renseignements sur l'E.T.A. militaire à la police espagnole qui, ainsi, avait pu procéder à quelques arrestations. Lorsqu'elle revint en Espagne, Yoyès fut abattue en plein jour à Saint-Sébastien, dans un jardin public où elle promenait son enfant, par un commando de l'E.T.A. qui d'ailleurs revendiqua ce règlement de compte.

***

Et la lutte secrète continua entre le G.A.L. et l'E.T.A.; cette dernière avait d'ailleurs fait des émules. Une autre organisation, qui allait se révéler éphémère, se montrait particulièrement active. Il s'agissait des Commandos Autonomes Anticapitalistes, proches de la mouvance d'E.T.A. militaire, idées d'extrême gauche en sus. La police espagnole avait fort à faire, et demandait parfois l'aide plus ou moins officielle de la police française. Le gouvernement socialiste espagnol devait aussi demander de l'aide au gouvernement socialiste français : un certain nombre d'incidents allaient nous le prouver.

Pour preuve l'histoire macabre de Pasarès, qui ne manqua pas de nous laisser perplexes, Duran et moi.

Voici en gros le récit de cette affaire, apparemment locale... Un brigadier de police, détaché au service des R.G. de Bayonne, recruta un jour un informateur axé sur les indépendantistes basques espagnols, et connu de nous sous le pseudonyme d'Iker. Celui-ci fournissait de précieux renseignements sur l'E.T.A. militaire, et aussi sur les Commandos Autonomes Anticapitalistes. Un jour, même, il livra aux R.G. de Bayonne une information très précise : un groupe de militants de ces commandos préparait un débarquement à Pasarès, un port de pêche proche de Saint-Sébastien, en Espagne.

Pour les renseignements généraux de Bayonne, ce n'était pourtant là qu'une « indication » : cela ne signifiait pas qu'ils aient à intervenir sur un sol étranger. Et si l'information nous fut transmise, à Duran et à moi, c'est que nous étions chargés de la gestion administrative et financière de l'ensemble des informateurs des R.G. de Paris et de province : à ce titre, nous centralisions tous les renseignements. En l'occurrence notre rôle s'arrêtait là, puisqu'il s'agissait d'une affaire espagnole. Ne nous restait qu'à faire passer l'information « Pasarès » à notre directeur central, comme l'exige la hiérarchie. Le « tuyau Pasarès » aurait dû logiquement rester dans les archives de notre ministère de l'Intérieur.

L'est-il vraiment resté ? Au jour et à l'heure prévus pour le débarquement, les militants des Commandos Autonomes Anticapitalistes tombèrent à Pasarès dans un véritable guet-apens. Une fusillade monstre s'ensuivit : tous furent tués. On pourrait dire exterminés. Qui avait renseigné la police espagnole ? D'où venait la fuite ?

C'est avec des questions de ce genre que Duran et moi avons réalisé peu à peu que le gouvernement français et le gouvernement espagnol étaient de mèche. Nous commençions à deviner comment les tueurs du G.A.L. se trouvaient si bien renseignés, et comment les membres de l'E.T.A. militaire réfugiés en France-terre-d'asile se faisaient aussi facilement repérer...

***

Quant à Txomin, dorénavant, il vivait bel et bien avec la mort aux trousses. Le G.A.L. voulait sa peau. Et le tueur qu'on lui avait réservé – disons qui avait pour mission de l'éliminer – n'était pas n'importe qui. C'était tout simplement Rachid, un des deux tueurs du G.A.L. soupçonnés d'avoir participé à l'assassinat du général Audran dont nous avons parlé au chapitre précédent.

Rachid, nous l'avons vu, n'était pas un tendre. Pourtant, même les pires assassins peuvent avoir un moment de faiblesse, à moins qu'il ne s'agisse d'une lueur d'humanité.

Une première fois, Rachid avait fait preuve de détermination, sinon d'habileté au tir. Il avait attiré Txomin dans un traquenard et avait tiré une ou deux balles, certain de l'avoir mortellement blessé, avant de prendre la fuite. On imagine sa rage quand il apprit, quelques jours plus tard, que Txomin courait toujours et qu'il l'avait juste touché au bras.

Quelque temps plus tard Rachid reprit sa filature, fermement décidé, cette fois-ci, à ne pas louper sa cible. Cette filature l'amena jusqu'à un café de Bayonne, où Txomin était en train de déguster une glace avec ses enfants. Grave imprudence, certes, mais nous l'avons déjà dit, les enfants de Txomin étaient sa seule faiblesse : sans doute n'avait-il pas eu le cœur de leur refuser une petite promenade.

D'emblée, tout à sa mission éliminatrice, Rachid ne

vit que Txomin, attablé au milieu d'une foule de clients. L'arme au poing, il fonça dans le tas des consommateurs paniqués – on était en plein après-midi, il faisait chaud, la terrasse était pleine –, droit sur sa future victime, sans prendre garde aux deux gamins.

Un instant, les deux hommes se firent face, les yeux dans les yeux. Txomin comprit qu'il allait mourir, tué de sang-froid devant tout le monde. Résigné, fataliste, il ne bougeait pas et Rachid, immobile, continuait de le tenir en joue. Pourquoi hésitait-il à tirer ?

En fait, il n'hésitait pas. Il ne voulait plus tirer. Il venait de voir les deux mômes...

Il baissa son arme, sortit à reculons de la terrasse du café, et prit la fuite...

Chapitre V

MILO OU L'ITINÉRAIRE D'UN INFORMATEUR

Ce soir, au journal télévisé, les gros titres sont consacrés à l'affaire Doucé. Septième jour de prison pour moi et, pour les renseignements généraux, un début de tempête. Leur réputation est en train d'en prendre un sacré coup. Les journalistes ne parlent que de nos fiches, de nos écoutes téléphoniques, de notre acharnement à entrer dans la vie privée des gens. Tout le monde semble surpris, choqué. Et pourtant... Qu'en serait-il si l'on dévoilait le reste de nos méthodes ! Recrutement d'informateurs, manipulation, délation exploitée, vénalité de ceux qui nous renseignent, chantage exercé par nos soins : on crierait sans nul doute au scandale.

Moi, à leur place, ce qui me scandaliserait, ce ne sont pas nos façons de faire en cas de terrorisme, d'État en danger, de gens en péril. Ce serait le dérapage : l'utilisation de ces procédés à des fins de politique politicienne, pour déstabiliser tel parti, couper les pattes à tel député ou ministre. Ce qui me dérangerait, c'est la manipulation de ce « Groupe Manipulation » qui a quand même rendu de fichus services. Et la manipulation de la presse !

Dans l'affaire Doucé, par exemple, il ne fait aucun

doute pour moi, à l'heure actuelle, que quelqu'un d'important se débrouille pour alimenter la hargne des journalistes. Je sais trop comment certains « tuyaux » arrivent à leurs oreilles. C'est rarement le fait du hasard. De temps en temps, en haut lieu, on a intérêt à ce que telle ou telle information soit connue du public. L'image de « sale flic » que l'on propage en ce qui me concerne n'est-elle pas l'arbre qui cache une mystérieuse forêt ?

Cependant, ce soir, je suis assez content. FR3 a enfin diffusé la lettre de félicitations que Bardon m'a adressée trois mois avant mon incarcération. Ce qui couvre le cher Bardon de ridicule! En effet, jusqu'à présent, chaque fois qu'on a parlé de Jean-Marc Dufourg à mon chef, il a répondu que j'étais une exception dans les milieux policiers, un mauvais exemple, un « mouton noir », comme il dit. Il a juré que jamais aux R.G. les procédés qui furent les miens n'ont été employés. Il a affirmé qu'il m'a toujours tenu pour un mauvais inspecteur. C'est plus que du lâchage, c'est du reniement.

Sans doute a-t-il oublié cette fameuse lettre de félicitations qu'il m'a envoyée il y a trois mois. Me Vergès a décidé de lui rafraîchir la mémoire en faisant paraître cet éloge dans la presse. C'est ce qui s'appelle marquer un point.

Car Me Vergès et moi-même commençons à comprendre où veulent en venir ceux qui cherchent à me mettre l'enlèvement du pasteur Doucé sur le dos, en plus de l'intimidation de Didier à Sèvres. Il est évident que le mystère Doucé devient gênant pour bien des gens : les R.G. en général, leur directeur ce cher Bardon, le ministre de l'Intérieur et... d'autres inconnus sans doute très connus! Pourquoi nous avoir demandé d'infiltrer le milieu pédophile? Qui visait-on dans ce milieu? Qui d'assez haut placé pour qu'on mobilise les services des renseignements généraux ? Tout cela risque d'être découvert... et de faire découvrir une étrange manœuvre politique ! Tandis que si c'était moi, le « sale flic », le sadique à la gâchette facile, qui avais fait disparaître le pasteur, tout le monde sortirait blanc-bleu de cette histoire. Tout le monde sauf moi, qui représente le parfait bouc émissaire, « grâce » à l'affaire de Sèvres.

Elle arrive à point, celle-là ! Elle permet de faire l'amalgame : puisque je reconnais avoir tiré dans la porte de Didier, il devient « évident » que je peux aussi bien avoir enlevé, puis tué, qui sait, le pasteur. Un vrai-faux coupable, et voilà l'affaire étouffée.

Ça aussi, c'est de la manipulation ! Mais pas celle qu'utilisaient naguère les membres de notre section pour assurer la sécurité des Français : la manip' dont je suis aujourd'hui victime relève de la politique pure, si j'ose employer cet adjectif. Manipulation d'un flic abandonné par ses supérieurs, de la presse, et de cinquante-cinq millions de Français.

Duran m'a toujours prévenu :

– On travaille sans filet. Si une affaire se termine mal, jamais on ne te couvrira. La couverture est une théorie de romancier.

Plusieurs fois nous avons risqué gros, lui et moi. Certaines de nos enquêtes ont tourné – ou failli tourner – à la bavure. Ce sont les risques du métier, surtout lorsqu'il s'agit de combattre le terrorisme. Nous nous en sommes toujours sortis parce que, jusqu'ici, nos supérieurs ont refusé de dévoiler nos identités et ont fait pression sur les magistrats instructeurs pour éviter les représailles. Aujourd'hui, il arrive exactement le contraire : non seulement on ne passe pas l'éponge sur le cas Didier, mais on m'accuse d'un forfait – voire d'un crime – que je n'ai pas commis. Comme ça, pense-t-on sans doute dans les hautes sphères, le tour sera joué.

C'est compter sans ma nature, et sans ma réaction. Je suis plus que jamais décidé à ne pas me laisser faire. Sur les conseils de Me Vergès, je viens de faire appel de l'ordonnance de maintien en détention provisoire prise par le juge Delfosse. Et ce n'est pas fini ! Pas question que je paye pour d'autres. D'autant que ces « autres » s'y prennent vraiment mal pour faire pression sur moi. La manipulation est un art. On ne peut pas faire dire ou accepter n'importe quoi à n'importe qui et n'importe comment. Il faut trouver les arguments, débusquer les points faibles d'un individu, et passer des marchés équitables. Moi, on me met simplement au pied du mur, sans même savoir si j'ai un talon d'Achille : cela ne peut pas marcher.

Du fond de ma cellule, j'ai l'impression d'avoir affaire à des amateurs. Quand je repense à certains de nos recrutements et à la façon dont on retournait les informateurs, Duran comme moi, je me dis que c'était quand même autre chose. Cela ne relevait certes pas de la charité chrétienne, mais cela reflétait, au moins, un certain professionnalisme.

***

Milo, par exemple. Pauvre Milo ! Ce qu'on a pu lui en faire voir... Il faut dire qu'il avait l'art de se fourrer dans des situations impossibles. On l'envoyait fouiner chez des petits marginaux, il nous dénichait un chef terroriste et se retrouvait lui-même terrorisé d'être propulsé dans un pareil milieu. Terrorisé, mais informé ! Comment écouter les doléances d'un type qui a un pot pareil, et qui se plaint d'être dépassé par les événements ? Alors on employait mille ruses pour qu'il n'abandonne pas. On usait de sa candeur, on faisait un peu de chantage, on se montrait en un mot dégueulasses.

Nous l'avions recruté, presque malgré nous, en 1984. A l'époque, notre section comprenait six fonctionnaires et marchait du feu de Dieu. Chaque jour, nous faisions le tour des informateurs pour recueillir notre moisson de renseignements. Nos supérieurs nous laissaient toute liberté d'agir : nous avions gagné notre indépendance en montrant notre efficacité.

Nous commencions à travailler à neuf heures du matin et terminions parfois au milieu de la nuit. Duran et moi étions devenus amis. Une réelle complicité existait entre nous. Sur le plan professionnel, il m'avait tout appris et je collais parfaitement à ses habitudes. En mission, cette symbiose nous donnait une force appréciable. Quant à nos méthodes, qui au début avaient effrayé notre direction, elles semblaient maintenant la ravir, vu les résultats obtenus dans la lutte contre le terrorisme.

Un matin, alors que Duran consultait les petites annonces du *Figaro* (il n'avait toujours pas trouvé d'appartement et vivait à Paris chez un ami), le téléphone sonna. C'était assez rare en dehors de la ligne morte réservée à nos informateurs. Ceux qui n'appartenaient pas à notre service évitaient de nous fréquenter. Pourtant, là, c'était un confrère qui appelait. L'inspecteur divisionnaire Vercel, chef de la section recherches d'une ville du nord de la France. Un bon professionnel, un peu trop tendre à notre goût pourtant. Il vouvoyait ses informateurs, les questionnait avec onctuosité, on aurait dit alors un curé au confessionnal. On l'appelait parfois « l'assistante sociale » de la bande. Il couvait ses agents, s'inquiétait de leurs états d'âme, s'occupait de leurs affaires de famille, offrait des cadeaux à leurs enfants pour Noël : tout était prétexte à nous demander un peu plus d'argent pour eux et leur entourage. Cela nous agaçait prodigieusement : nous étions une sorte « d'armée » parallèle, pas l'Armée du salut.

Pour l'heure, Vercel nous appelait au sujet d'un informateur immatriculé sous le pseudonyme de Robert. Ce surnom ne me disait rien. Vercel m'expliqua, la gorge nouée, que cet homme, qui avait déjà longuement travaillé pour nos services, avait d'énormes problèmes d'argent : la famille, les bambins, l'école, la faim et tout le tralala. Je n'étais pas d'humeur à entendre un mélo. Je promis à Vercel de lui envoyer une boîte de Kleenex puisque cette histoire le faisait pleurer mais lui dis que pour son protégé, vraiment, je ne pouvais rien faire.

A tout hasard néanmoins, après avoir raccroché, je suis allé fouiller dans le dossier dudit Robert. Un détail me sauta aux yeux : il était guadeloupéen. Je montrai sa fiche à Duran.

– Voilà qui change tout! s'écria mon patron.

La même idée germait dans nos esprits. Nous venions de nous lancer à l'assaut du milieu des terroristes antillais, un Guadeloupéen dans notre manche pourrait bien nous aider.

Aussitôt dit, aussitôt fait : on allait prendre en main la carrière de ce Robert! Il pourrait voir en nous ses producteurs, ses coaches, ses amis...

Je rappelai aussitôt Vercel pour lui dire que j'avais changé d'avis : Duran et moi l'attendrions en fin d'après-midi à la gare du Nord, avec son protégé. Vercel bougonna que c'était un peu court, on lui répondit qu'on n'avait pas de temps à perdre.

Le train était à l'heure. On laissa filer les passagers puis, sur le quai désert, on vit enfin Vercel et notre future vedette. Un petit noir attendrissant, que le généreux commissaire tenait presque par la main. Un papa qui accompagne son fils à l'école. On s'avança, et l'on se présenta :

– Dulot, inspecteur; Landais, commissaire.

Un large sourire aux lèvres, nous nous montrions rassurants, sympathiques, proposant de prendre place à la terrasse d'un bistrot.

– Il faudra nous persuader que tu es un bon informateur, dit Duran en touillant son café. Sinon, nous te prenons un billet de retour !

Le bougre semblait décidé à nous démontrer qu'il était un champion. Il nous raconta qu'il travaillait pour les R.G. depuis cinq ans déjà. Il avait débuté sa carrière en Avignon, l'avait continuée du côté de Lyon, puis à Lille. D'après ses dires, il était un vrai « pro », mais je sentais derrière son autosatisfaction béate une extraordinaire naïveté, mêlée d'un soupçon de bêtise. Il nous confia son rêve comme on envoie une lettre au père Noël :

– Je voudrais devenir inspecteur de police. De la police nationale, précisa-t-il avec emphase. Je ferais n'importe quoi pour ça.

Il ne fallait jamais nous dire des mots pareils. « N'importe quoi ? » Duran sauta sur l'occasion.

– Eh bien, à partir de maintenant, tu es « inspecteur auxiliaire » ! Seulement il faudra mériter ce titre. Si tout va bien, tu auras ta carte dans peu de temps.

Vercel en tomba presque de sa chaise. Il savait pertinemment que nous n'avions aucune possibilité d'intégrer Robert dans la police. Notre coup de bluff le laissait pantois, et vaguement réprobateur. On ne lui laissa pas le temps d'être saisi par le remords : on le remit dans le prochain train en partance.

– Et maintenant, à nous ! dit Duran à Robert. D'abord, on va te rebaptiser. Milo, ça fait plus exotique, tu ne trouves pas ? Et puis, on va te dégotter un hôtel.

Un hôtel ? Les yeux de Milo brillaient de plaisir. Un petit palace, sans doute, enfin... un hôtel confortable, quoi. Chaque fois qu'on passait devant une enseigne, il murmurait :

– Il a l'air pas mal, celui-là ?

– Non, non, répondions-nous. On ne peut pas t'installer dans un truc hors de prix (on en était déjà aux meublés sous-étoiles du 20ᵉ arrondissement). Tes futurs amis, dans le milieu antillais qu'on veut te faire fréquenter, ne comprendraient pas que tu crèches dans une piaule de luxe, avec salle de bain et tout.

Milo, résigné :

– Ah ben, forcément, si faut pas de salle de bain...

On trouva finalement le bouge approprié, payable à la semaine, en liquide, les toilettes au fond de la cour. Le sourire ne revint sur les lèvres de Milo que lorsqu'il me vit sortir de ma poche quelques billets de cent francs.

Le lendemain, on le ramassa à son hôtel pour un indispensable briefing. Nous voulions qu'il prenne contact avec Georges Faisans et qu'il traîne ses guêtres du côté de radio VO-KA. Georges Faisans était un instituteur guadeloupéen qui enseignait en France et prônait l'indépendance de la Guadeloupe. Il était très lié avec Luc Reinette, le leader du Mouvement Populaire pour la Guadeloupe Indépendante, le M.P.G.I. Ce mouvement avait déjà commis plusieurs attentats et nous cherchions à l'infiltrer. Georges Faisans, vu ses affinités avec ce milieu, nous intéressait.

Nous avions déjà un informateur dans la place, un certain « Capitole ». Grâce à lui, nous avions appris que les indépendantistes se réunissaient régulièrement à Radio VO-KA, et nous connaissions la fréquence de ces réunions. Mais « Capitole » ne pouvait guère aller plus loin dans ses investigations sans susciter la méfiance. Un nouveau venu pourrait prendre le relais, Milo en l'occurrence. Pour remonter la piste des attentats et découvrir ceux qui les téléguidaient, nous pensions que si Milo devenait l'ami de Georges Faisans, nous obtiendrions davantage de renseignements.

– Ce ne sera pas difficile, annonça Milo, je l'ai déjà rencontré. Entre Guadeloupéens, vous savez...

– Alors parfait, lui ai-je répondu. Tu vas aller le voir en prétextant que tu débarques à Paris et que tu cherches du boulot, par exemple. Et puis, peu à peu, tu lui confies que tu as des sympathies pour la cause antillaise. Mieux que ça encore : tu es un partisan de l'action violente, tu trouves que l'indépendance, ça traîne vraiment trop...

Pendant les trois semaines qui suivirent, on laissa Milo s'installer dans son nouveau rôle. Il avait pris contact avec Faisans et Radio VO-KA. Chaque jour, nous le rencontrions pour qu'il nous raconte ce qu'il avait appris. Milo nous appelait le matin sur la ligne morte, et nous fixions l'heure du rendez-vous. Celui-ci avait toujours lieu dans un endroit facile à surveiller par Duran et difficilement « planquable » par d'éventuels adversaires. Arrivé sur place, je partais seul au-devant de Milo qui devait m'emboîter le pas dès qu'il m'apercevait, mais sans m'adresser la parole. Derrière, Duran observait les alentours pour voir si nous étions suivis. Cela évitait tout risque de contre-filature. Puis nous nous rendions ainsi dans un autre endroit, où nous pouvions enfin nous retrouver et entrer en contact. Cette méthode ne nous était pas propre, elle est employée par tous les services de renseignements.

Il nous fallut peu de temps pour nous apercevoir que, malgré sa bonne volonté, Milo n'était pas assez « dur » pour intéresser les militants violents qui gravitaient autour de radio VO-KA. On décida de le dégager de ce milieu-là et de l'infiltrer dans un autre.

Pour les Antillais, nous venions de dénicher un informateur beaucoup plus performant, dans l'entourage même de Faisans : nous n'avions donc pas à nous embarrasser de travaux d'approche. L'homme était dans la place, et il appartenait même à la mouvance dure du M.P.G.I.

Comment pouvions-nous espérer qu'un militant convaincu nous aiderait à faire échouer les tentatives qui devaient logiquement servir sa propre cause ? L'argent, toujours l'argent... Michel (ce fut son pseudo) avait un restaurant de spécialités antillaises dans Paris, et ce bistrot était au bord de la faillite. Avec du fric, on pouvait sérieusement le dépanner. On pourrait aussi intervenir auprès du fisc, pour que celui-ci lui consente des délais ? L'accord fut conclu et le lieu de nos rendez-vous tout trouvé : nous dînions chez Michel plusieurs fois par semaine. On ne pouvait pas craindre les oreilles indiscrètes : nous étions les seuls clients.

Michel nous renseignait fort bien, mais il avait un défaut majeur sur le terrain : son étourderie. Un jour, il nous appela pour nous dire qu'une réunion importante devait avoir lieu chez les Antillais « violents ». Cette réunion devait rassembler un certain nombre d'extrémistes et quelques gros bras, des poseurs de bombes. Si vraiment on pouvait les prendre en flagrant délit de transport d'explosifs, ce serait une belle prise.

On monta l'opération avec le commissaire Cances, qui dirigeait la brigade de recherche et d'intervention, la B.R.I., pour arrêter tout ce joli monde. Encore fallait-il être certains que les types transportaient des bombes.

Pour le savoir, un seul recours : notre informateur Michel, qui devait assister à la réunion. Un accord fut conclu : si les gros bras avaient des explosifs sur eux, Michel avait pour consigne de porter sa veste. S'ils n'en avaient pas, il devait tenir sa veste sur son bras. On lui fait répéter la scène une bonne dizaine de fois.

Et l'on s'en va « planquer » le lieu de la réunion. Des heures à attendre et Michel apparaît, portant triomphalement sa veste. C'est le signal. Cela veut dire que les gars ont bel et bien sur eux des bombes, et que la B.R.I. peut passer à l'attaque. En un temps record, tout le monde se retrouve ceinturé, fouillé : pas de bombe, pas d'arme à feu, pas le moindre canif! Michel s'était emmêlé les pinceaux dans ses consignes et venait de nous mettre dans un bordel sans nom! La B.R.I., qui se frottait déjà les mains à l'idée de s'offrir un flagrant délit retentissant, fut obligée de reconnaître qu'elle avait fait une lourde erreur et de présenter ses excuses pour interpellation illégale. Nos collègues n'ont pas apprécié, on s'en doute. Notre crédit, de surcroît, en a pris un bon coup. Un dessin humoristique se mit à circuler dans les couloirs du ministère. Il représentait un gros Noir, bardé de gris-gris, de colifichets de toutes sortes, le visage caché par un énorme masque africain et les mains pleines de crécelles. Sous la caricature, une légende édifiante : « Pour l'opération de ce soir, l'informateur de Garcimore et tac-tac (Duran et moi) portera ces signes distinctifs pour donner le feu vert »...

Duran et moi avons ri jaune.

***

Malgré cette bavure spectaculaire, Michel nous demeura précieux dans le milieu antillais. Quant à Milo, nous l'avons dirigé sur une autre voie : celle des « milieux autonomes » proches de l'extrême gauche. On désigne sous cette appellation les fameux casseurs non encadrés qui font des ravages dans les manifestations en brisant des vitrines, pillant les magasins, saccages à l'appui. En infiltrant ces groupuscules, nous pouvions prévoir les dérapages dans les manifs, prévenir les gardes mobiles et les C.R.S. qui pouvaient ainsi éviter les débordements. Aujourd'hui, ces groupes ne sont plus surveillés : on ne trouve pas beaucoup de Dulot-Landais pour faire ce genre de travail. Et l'on a pu voir les résultats de cette carence lors des manifestations de 1990 où certains commerces ont été mis à sac, dans le 15e et le 7e arrondissement.

A l'époque, nous avions déjà quelques informations sur les repaires de ces voyous. Nous savions qu'un certain nombre d'entre eux logeait dans un squat, rue des Cinq-Diamants, dans le 13e arrondissement. Je ne connaissais pas grand-chose à ce monde des squatters, mais je savais qu'ils avaient tendance à se lier assez facilement : promiscuité oblige.

On envoie donc Milo faire un tour dans les parages. Et Milo se débrouille très bien. Il devient copain avec un type appelé Laurent Detour, selon lui : une sorte de chef, plus décidé que les autres, qui lui paraît intéressant.

Au bout de quelques jours, à force de recherches, nous finissons par identifier ce Laurent Detour. Il s'agit en réalité de Laurent Guilloteau, qui dirige une revue anarchiste intitulée *Nous voulons Tout*. Milo le fréquente désormais quotidiennement. L'autre le traîne comme un groupie fidèle et Milo va même jusqu'à rencontrer, en sa compagnie, une militante d'Action Directe nommée Helyette Bess, proche de Rouillan et Ménigon. Il assiste avec Laurent Guilloteau à des réunions anarchistes qui ont lieu boulevard de Charonne, dans une salle appelée l'A.G.E.C.A.

Milo nous rend compte de ces réunions et nous parle un jour d'un journaliste allemand prénommé Michaël, qui se lie très vite d'amitié avec lui. L'espèce de naïveté angélique de notre informateur faisait qu'on ne se méfiait pas de lui. Michaël présente à Milo une amie : une certaine Christiane.

Et nous, nous cherchons qui peut être ce Michaël... Eh bien il n'est autre que Michaël Köhler, membre important de la Fraction Armée Rouge héritière de la bande à Baader ! C'est tout Milo, ça ! On l'envoie chercher de petits renseignements sur de petits groupes perturbateurs, il vous décroche un manitou d'une armée étrangère. Son « tuyau », c'est comme s'il nous disait : « Je vois régulièrement le leader d'Action Directe ! » Et cela ne s'arrête pas là : quelques jours plus tard, alors que nous lui montrons une série de photographies, Milo reconnaît l'amie que Michaël lui a présentée : Christiane. Christiane Barabas, tout simplement, militante de la Fraction Armée Rouge et sœur d'Ingrid Barabas qui, elle, en est un des principaux dirigeants. Ingrid est très proche de Christian Klar, le chef de ce groupe depuis la mort d'Andreas Baader. Qu'est-ce que tout ce grand monde pouvait aller faire chez les anars ? Sans doute recruter des agents de liaison, des types susceptibles de transporter des documents... Toujours est-il que, grâce à notre Milo, ils étaient à notre portée.

– Bon, dit-on au petit Guadeloupéen. Alors maintenant tu lâches Laurent Guilloteau, tu oublies les squatters et tu colles aux basques de Michaël Köhler ! Et tu n'y vas pas avec le dos de la cuiller ! Ne nous refais pas le coup des Antillais : tu n'es plus un mou, tu es un convaincu, un superviolent, une tête brûlée ! Tu veux faire la guerre au capitalisme, à la bourgeoisie, à la société pourrie et tout et tout. Il faut que tu le mettes en confiance et que tu nous ramènes des révélations de première bourre !

Et voilà Milo jouant les fiers-à-bras parmi les terroristes allemands, suivant Michaël Köhler à Genève pour participer à une réunion « top-niveau » et... mourant de trouille en réalité, plus il sent qu'on l'adopte en haut lieu !

Après Genève, Stuttgart, où Michaël l'emmène pour plusieurs jours... Du coup, je fais moi aussi le voyage pour cueillir les renseignements de mon informateur à la source. Grâce à eux, je comprendrai au moins pourquoi il n'y a jamais de fuite dans les réunions secrètes de la Fraction Armée Rouge. On peut bien placer tous les micros de la terre dans la pièce, cela ne sert à rien : les réunions se passent dans un silence total, les participants correspondant à l'aide de questions et réponses écrites. A la fin de la séance, tous les papiers sont brûlés sur place.

C'est intéressant mais cela ne m'avance guère. Ce que je veux, c'est que Milo soit intégré dans une équipe qui commet des actions violentes. Celui-ci me promet de faire le forcing et je rentre à Paris.

Deux jours plus tard, c'est un Milo complètement paniqué qui revient dans la Capitale. Il nous annonce qu'il doit repartir dans une semaine pour Stuttgart. Et qu'il ne veut pas y aller ! Il a pourtant fait un pas de géant : on vient de lui proposer de participer à l'attaque d'une banque en Allemagne. En fait, nous le savons Duran et moi, il s'agit là d'un test, d'un examen de passage en quelque sorte, pratiqué dans presque tous les groupes terroristes européens. C'est sur le terrain qu'ils peuvent voir ce que leurs nouvelles recrues ont dans le ventre.

Mais Milo, lui, n'a plus rien dans le ventre, sinon une trouille viscérale. Il n'est pas un braqueur, que diable ! Il commence à trouver qu'on lui en demande beaucoup, notre petit Créole d'un mètre soixante, et il n'est pas chaud pour prendre une balle perdue, encore moins pour tirer sur qui que ce soit.

C'est là que Duran se montre génial. Il rappelle à

Milo qu'il est « Inspecteur auxiliaire de la Police Nationale ». Ce titre, bien sûr, n'existe que dans les rêves de l'Antillais, mais il vaut bien quand même de prendre quelques risques. D'ailleurs, ce titre, Milo a désormais toutes les raisons d'y croire car Duran, le jour même, lui met sous les yeux sa carte : sa carte de policier auxiliaire !

Milo le naïf n'y voit que du bleu. Ou plutôt, il voit une belle carte, rayée en diagonale de bleu et de rouge, avec un espace entre les deux couleurs : une carte récupérée lors d'une de nos perquisitions; une carte pour cheminot retraité mais qui peut faire illusion. Surtout avec le gros coup de tampon du ministère de l'Intérieur que nous avons collé dessus, et les gros caractères tapés à la machine indiquant le nom et le grade du titulaire !

A la vue de la merveille, Milo se précipite pour se l'approprier.

– Tu es fou ! s'écrie Duran. Imagine que tes copains d'Armée Rouge tombent là-dessus ! Non, on te la garde pour le retour.

Il n'a pas une hésitation. Il appartient à la police, maintenant il s'agit de s'en montrer digne.

Pendant ce temps, bien entendu, nous n'étions pas restés uniquement pendus aux lèvres de notre informateur. Au vu de nos notes de contact, notre direction centrale avait adressé un rapport au Bundes Kriminal Amt (B.K.A.), chargé du contre-terrorisme en Allemagne. On était alors tous dans le même pétrin, on collaborait volontiers. Le B.K.A. ne tarda pas à nous répondre, en nous priant... de nous mêler de nos affaires ! Ils n'étaient pas contents, là-bas ! Parce que, figurez-vous, Michaël Köhler était en réalité un de leurs agents infiltrés au sein de la Fraction Armée Rouge. Si notre Milo se faisait griller, il grillerait à son tour Michaël et risquait de tout foutre par terre !

Un comble, quand on y pense. Milo s'était montré si convaincant que Michaël n'avait jamais imaginé une seconde qu'il était un informateur. Il avait gobé son histoire de « violence convaincue » et se servait de lui – on croyait s'en servir – pour infiltrer lui-même les milieux « Armée Rouge » !

On se garda bien d'expliquer cet imbroglio à notre petit Guadeloupéen. On se contenta de le féliciter, mais de lui dire que, décidément, on avait réfléchi, on lui faisait courir trop de risques en Allemagne : il ne participerait pas au braquage de la banque.

Milo eut une moue équivoque, entre le soulagement du peureux et la déception du héros.

***

– Mais qu'est-ce que je vais faire, maintenant ? demanda « l'inspecteur auxiliaire de la Police Nationale ».

– Ne t'inquiète pas, on t'a trouvé un super-boulot. Pour commencer, tu déménages.

Milo se mit à rouler des yeux ronds, éblouis. Maintenant qu'il avait vu sa carte, il ne doutait pas qu'on n'oserait plus le loger dans un hôtel minable. C'était vrai.

– Tu ne vas plus à l'hôtel, annonça Duran.

Les yeux noirs s'écarquillèrent : allait-on lui louer un appartement ?

– Tu vas t'installer au squat-usine de Montreuil, lâcha Duran, laconique.

Adieu le Ritz ou le F3 : après le bouge, le squat ! De quoi vous dégoûter de la police.

Ce n'était pourtant pas du sadisme de notre part, mais de la stratégie. Nous savions que Paule Aubron, la sœur de Joëlle Aubron, membre influent d'Action Directe en clandestinité, résidait dans ce squat-usine de Montreuil. Notre idée ? Offrir une maîtresse à Milo. Qu'il devienne l'amant de Paule, et peut-être aurait-il l'occasion de connaître le jour et l'heure d'un rendez-vous entre les deux sœurs. Ainsi pourrions-nous filer Joëlle Aubron et localiser sa planque, ce qui nous permettrait éventuellement de remonter jusqu'aux éternels Rouillan et Ménigon.

Mais Milo ne voulait rien entendre. Sauter une fille, d'accord, mais dans un squat, jamais !

Je mis fins à sa mauvaise humeur très vite, grâce à une feinte machiavélique. Il faut savoir que les inspecteurs de police sont notés, chaque année, par leurs supérieurs. Nous arrivions à la période des notes. Je dis à Milo :

– Ne fais pas le mariole en refusant le squat ! Tu as eu l'occasion de récolter une très bonne note du commissaire Landais (alias Duran) grâce à ton travail en Allemagne; mais si tu renonces à coopérer dans un truc aussi sérieux que la piste Action Directe, fini les félicitations, rien que des blâmes !

Et le lendemain, pour bien le convaincre, je lui apportai la « bonne note » de Duran-Landais, sur papier à en-tête de nos services. A faire signer par l'intéressé, à condition, bien sûr, qu'il s'en aille illico à Montreuil.

C'était reparti pour un tour : Milo accepta de squatter.

Et la baraka continue ! En un rien de temps, notre malin de service est adopté au squat, et copain-copain avec Paule Aubron, qui lui conte ses misères. Il y a trop de monde au squat-usine de Montreuil, elle en a assez de vivre là-bas. Milo ne pourrait-il pas lui trouver un autre squat ? Décidément, les squats, ce pauvre Milo n'en sort pas.

Décontenancé, il nous fait part des souhaits de Paule. Mais où trouvera-t-il la nouvelle tanière de sa copine ?

C'est très simple. Je demande à un autre informateur introduit dans ce monde-là de m'indiquer un endroit squattable. L'informateur me fournit bientôt une adresse et, un beau matin, me voilà parti avec Milo pour poser une serrure dans un local désaffecté, rue du Moulin-Joly, à Paris 11ᵉ. Ainsi nos tourtereaux auront-ils un nid douillet. Enfin, presque...

Notre Don Juan, pour sa part, ne se tient plus d'orgueil. Il roule des mécaniques : non seulement Paule, dit-il, est tombée amoureuse de lui, mais il a même réussi à ce qu'ils vivent ensemble. Tous les deux ! Elle ne peut plus se passer de lui, paraît-il. Il est aux anges.

Et nous aussi, car Milo a réussi à savoir que Paule a rendez-vous, une certaine date à minuit, dans un parking du 20ᵉ arrondissement, avec sa sœur. Il s'agit d'un parking gigantesque surnommé le parking 2000. Nous avons juste le temps de monter une opération de police avec la B.R.I. Nous repérons les lieux, des boxes sur quatre étages, et nous faisons notre rapport à la brigade de recherche et d'intervention. Il est décidé qu'au jour du rendez-vous, à minuit, la section recherches des R.G. ainsi que la B.R.I. procéderont à l'arrestation de Joëlle Aubron. C'est nous, R.G., qui comme d'habitude donnerons le feu vert à nos collègues.

Le jour J arrive : nous prenons contact avec Milo pour qu'il nous confirme le rendez-vous nocturne. Et que voyons-nous arriver ? Un Milo complètement bourré qui se met à chialer comme un veau ! Duran et moi, sur le coup, n'y comprenons plus rien. On questionne notre

Don Juan, on le console, il avoue tout : il sait que dans cette opération, Joëlle Aubron va être interpellée ; mais Paule aussi, forcément ! De plus, Paule risque de se faire blesser ou tuer dans ce traquenard, et ça, il ne le supporte pas ! Nous découvrons avec stupeur que notre macho victorieux est en réalité tombé raide-fou amoureux de Paule, et qu'il se désespère à l'idée de la trahir. On a tout prévu sauf ça.

Je m'énerve un peu. Un peu beaucoup même. Et je décide de rester avec Milo jusqu'à la fin de la soirée, histoire que cet imbécile n'aille pas vendre la mèche à sa dulcinée, et faire tout capoter au dernier moment.

Pourtant, l'affaire a échoué quand même. Toutes les issues du parking avaient-elles réellement été mises sous surveillance ? Paule et Joëlle sont-elles venues au rendez-vous ? On n'a jamais su. Tout ce qui résulta de cette vaste opération fut que, le lendemain, la brigade criminelle et la section recherches des R.G. procédèrent à l'ouverture de tous les boxes du parking 2000 et découvrirent dans l'un d'eux des tableaux volés, une quantité de drogue appréciable et des armes. C'était déjà ça...

***

Milo cependant n'était pas au bout de ses peines, même si l'objet de son amour avait été malgré nous épargné. Nous allions le réutiliser « sur ordre », si je puis dire, dans une entreprise on ne peut plus tordue, qui laisse apparaître un début de dérapage à la direction des R.G.

Au début du mois de juillet 1985, notre sous-directeur Ferrand était parti depuis avril, et le patron de la section recherches, Iraçabal, commençait à prendre une importance considérable aux yeux de l'Élysée, grâce à un jeu de courtisan où il était passé maître. Par voie de conséquence, le directeur central l'encensait. Nous, nous supportions tant bien que mal ce socialiste flatteur. Seulement, si nous jouissions encore d'une réelle autonomie d'action, il nous était difficile de ne pas obéir à ses ordres.

Or ces ordres, ce jour-là, s'avèrent on ne peut plus suspects... On approche du 14 juillet, et Iraçabal nous annonce qu'il est invité, comme il se doit, à la garden-party de l'Élysée. Ensuite, il accompagnera le président de la République dans une visite à l'école des inspecteurs de police de Cannes-Écluse, près de Fontainebleau. Il nous explique de façon embrouillée qu'il souhaiterait terminer cette journée en apothéose, par un grand succès policier. Un succès dont il tirerait tout le bénéfice, cela va de soi, mais il ne le dit pas : ce qu'il nous suggère ici, c'est juste pour faire plaisir au Président, n'est-ce pas ?

Mais ce qu'il nous suggère n'est quand même pas banal. C'est pourtant très simple, selon lui. Il suffit de convaincre un de nos informateurs bien infiltré dans les milieux violents d'organiser un attentat avec trois spécialistes, un attentat commandé, qui permettrait une interpellation spectaculaire des malfrats le 14 juillet au soir. De quoi se faire mousser aux yeux de la présidence, qui ne manquera pas de tirer grande gloire de cet exploit. Le feu d'artifice personnel du Président, en somme !

Ce n'est pas une prière, désormais c'est un ordre. Et me voilà chargé d'organiser la mise en scène ! A qui puis-je faire gober que maintenant c'est moi qui fais des attentats, pour des raisons bien évidemment secrètes, sinon à Milo ? Un Milo qui écarquille les yeux de plus belle, mais qui fait son boulot d'inspecteur auxiliaire « de la police nationale ». Et pour une fois, la « police nationale », ce n'est pas mal trouvé...

Mission de Milo : choisir trois mecs opérationnels, et un endroit à faire sauter. Il trouve bientôt ses acolytes, et un local de l'A.N.P.E. proche du squat-usine de Montreuil.

Je fais mon rapport à Iraçabal. L'action aura lieu vers onze heures du soir et la section recherches des R.G., planquée à l'avance à l'endroit prévu, pourra procéder aux interpellations dès le commencement du délit. Je demande néanmoins qu'on donne des ordres précis pour que les trois acolytes de Milo se trouvent seuls appréhendés, et qu'on laisse filer mon informateur. Précisons que la section recherches est censée intervenir dans une action dont la section manipulation a eu vent, mais n'est pas au courant de la magouille. Seulement, les gars de la section recherches ne sont pas des imbéciles, ils commencent à en avoir marre des ronds de jambe de leur patron, et tout cela sent trop le préfabriqué. Iraçabal semble l'ignorer, il a peut-être tort.

Iraçabal est ravi. Tellement heureux que dès le matin du 14 juillet il promet au président de la République son feu d'artifice personnel : ce soir-même à vingt-trois heures, une opération « retentissante » contre le terrorisme aura lieu. Et vous allez voir ce que vous allez voir...

En fin d'après-midi, il m'appelle : je confirme que tout va se dérouler comme prévu.

A onze heures du soir, Milo arrive avec ses trois sbires et une bouteille de gaz, casse une vitre de l'A.N.P.E., pénètre à l'intérieur et allume un incendie. Les mecs de la section recherches sont planqués, eux aussi, comme prévu.

Et ils interviennent ! Mais pas selon le plan initial. Ils ont sans doute envie de flanquer le bordel dans une histoire qu'ils estiment en soi bordélique, les gars des R.G. !

On leur a dit d'interpeller les trois malfaiteurs et de laisser filer Milo : ils font juste le contraire. Pour emmerder Iraçabal.

Sauf que c'est Duran et surtout moi qu'ils mettent dans le pétrin. Les trois exécuteurs s'enfuient dans la nature, Milo est pris en flagrant délit et conduit à minuit à la brigade criminelle, puis placé en garde à vue. Lui, « l'inspecteur auxiliaire », etc. !

Il n'en croit ni ses yeux ni ses oreilles et le lendemain, interrogé, il déballe tout. Toute la vérité, ou presque. Dulot, les ordres, tout ! La section recherches, questionnée à son tour, dit elle aussi ce qu'elle pense : un coup monté par Iraçabal, Duran et Dufourg. La Criminelle est bien embêtée. Et furieuse. Et Duran et moi, donc ! Comment pourra-t-on me pardonner, plus tard, de savoir des choses pareilles et d'avoir dû obéir à de tels ordres ?

Quoi qu'il en soit, Duran et moi filons à la Criminelle afin de récupérer Milo, Iraçabal étant intervenu auprès du préfet de police... Explications orageuses, c'est le moins qu'on puisse dire. Les gars de la Crime, manifestement, ne comprennent rien à nos manigances. Mais que peuvent-ils répondre quand on leur laisse entendre que tout ceci relève de la magouille de haut niveau ?

En tout cas, on n'a pas laissé tomber Milo. Par un artifice de procédure, on a obtenu qu'il soit relâché après quarante-huit heures de garde à vue. Quant à Iraçabal, il a bien fallu qu'il explique à l'Élysée que le feu d'artifice du 14 juillet n'était, au bout du compte, qu'un pétard mouillé.

***

On a quand même abandonné Milo. Un peu plus tard... Ce n'était plus possible. Il commençait à être sérieusement grillé. Grillé dans les milieux autonomes, chez les anarchistes, même Paule Aubron se méfiait. Il a encore travailloté quelques mois, puis nos contacts se sont espacés. Nous avons décidé de cesser tout rapport avec lui lors des premiers attentats de l'été 1986. Nous avons changé le numéro de notre ligne morte, voilà tout.

Milo s'est retrouvé, j'imagine, avec son rêve de policier en travers de la gorge. Peut-être même a-t-il compris, un sale matin, que sa carte d'auxiliaire n'était qu'une vilaine farce. Mais je n'en suis pas sûr. Un jour, en effet, il a écrit à Charles Pasqua. Pour reprendre du service. Pour lui expliquer qu'il avait déjà des années de loyauté à son palmarès, et des années de travail efficace avec le commissaire Landais et l'inspecteur Dulot.

Mais... Qui étaient Dulot et Landais ?
Des salauds, je suppose...

Chapitre VI

ACTION DIRECTE

LA LONGUE TRAQUE

Dix jours déjà que je suis incarcéré! Je me familiarise avec ma nouvelle vie, soutenu par l'espoir qu'elle ne se prolongera pas. Encore que le temps passe relativement vite. Je mets à profit les quatre heures de promenade quotidienne pour faire du sport. Le reste de la journée, je lis ou je regarde la télévision.

La détention m'est moins pénible depuis quelques jours : mon épouse et ma famille ont obtenu le droit de me rendre visite au parloir. Ces quelques moments passés ensemble sont pour moi d'un grand réconfort. A ce soutien familial s'ajoute celui de Me Vergès en qui j'ai placé tous mes espoirs. Avec un tel allié dans mon camp, je me sens capable de renverser n'importe quel ennemi. Ce matin, Me Vergès m'a rendu visite et nous avons pu faire le point sur les derniers développements de mon dossier.

L'affaire Doucé piétine. Mais je continue d'être la cible de la presse qui brosse de moi un portrait peu reluisant. Avec une belle unanimité, on m'accuse d'être un policier aux méthodes peu recommandables : tortures, enlèvements et disparitions d'informateurs sont évoqués, quand on ne me traite pas carrément d'ivrogne ou de facho. Je sais d'où les journalistes tiennent ces précieuses informations. Mais force est de constater qu'ils ne semblent pas soucieux de vérifier leur authenticité. Décidément, il n'y a pas que dans la police que le respect de la déontologie se perd.

En revanche, l'affaire de Sèvres – ce coup de feu tiré dans la porte de Didier qui me vaut mon inculpation et mon incarcération –, connaît un rebondissement spectaculaire que je ne me lasse pas d'examiner dans ma cellule. Et ce n'est pas le temps qui me manque.

Reprenons la chronologie. L'affaire de Sèvres avait brusquement fait surface le 13 septembre 1990, date de mon audition par la brigade criminelle. A mon grand étonnement, j'avais appris lors de cette audition que la Crime avait été saisie du dossier la veille, suite à une plainte tardive de Didier. Tardive, on peut le dire : soixante-dix jours après les faits ! Comment ne pas imaginer dans ces conditions que cette plainte lui avait été « inspirée » de l'extérieur ? Quoi qu'il en soit j'avais alors découvert – et seulement alors – que, contrairement à ce que je croyais, Didier avait affirmé qu'il se trouvait dans son appartement ce fameux 3 juillet où j'avais tiré dans sa porte, bien qu'il ait tout mis en œuvre pour faire croire à son absence. Après la détonation, pris de panique, il avait tenté de se suicider et avait été conduit à l'hôpital sur intervention de police secours, alertée par un voisin.

Et partant, je n'avais jamais eu de nouvelles de Didier entre le 3 juillet, date des faits, et le 12 septembre, date de la plainte. En toute logique, je pouvais donc penser qu'entre ces deux dates, personne n'avait été informé de ce coup de feu qui restait pour moi une simple manœuvre d'intimidation dans le cadre d'une manipulation dont j'étais chargé. Tandis qu'en surgissant tout à coup en pleine affaire Doucé, l'incident prenait une autre dimension, au moins pour les journalistes et le public !

Or, depuis ces révélations, la presse en général et l'hebdomadaire *l'Express* en particulier poursuivaient leurs investigations et venaient de découvrir un fait nouveau qui me plongeait dans des considérations sans fin : le lendemain du coup de feu, soit le 4 juillet, Didier avait été interrogé par les services de la police judiciaire des Hauts-de-Seine, en présence d'un fonctionnaire des renseignements généraux de ce département. Suite à cette audition qui avait eu lieu à l'hôpital de Sèvres où Didier était soigné, la police judiciaire avait rédigé un procès-verbal transmis au parquet de Nanterre et le fonctionnaire des R.G., de son côté, avait transmis un rapport, via son patron, au directeur régional (Bardon en l'occurrence) et au directeur central des renseignements généraux. Ces deux actes, l'un judiciaire, l'autre administratif, avaient été purement et simplement classés sans suite !

Que pouvais-je tirer de cette révélation ? Elle prouvait en tout cas que la haute hiérarchie policière avait été informée des faits que l'on me reprochait dès le lendemain de l'incident et non pas le 12 septembre. Autrement dit, pendant plus de deux mois, personne n'en avait soufflé mot. Motus et bouche cousue. Cette information n'éclaterait au grand jour que le 28 septembre, dans un article de *l'Express* intitulé « Le Rapport escamoté ».

Pourquoi avait-on enterré ce rapport sur le coup de feu tiré à Sèvres ? Pourquoi Bardon ne m'en avait-il pas parlé ? En toute logique, il aurait dû me convoquer dans son bureau et me passer un savon. Pourquoi s'était-il abstenu de le faire, sinon parce que, quelque part en haut lieu, « on » avait pensé dès juillet que l'on pourrait avec cette affaire exercer une pression sur moi et me désigner aux yeux de tous comme le coupable idéal de la future disparition de Doucé ? Comment ne pas voir dans ce silence un plan ourdi de longue date ?

Mais pour quelles raisons mon directeur Bardon aurait-il agi ainsi ? S'agissait-il seulement de protéger sa brillante carrière ? Depuis l'affaire Audran jusqu'à mes dernières missions, je peux dire que Bardon m'inspirait une réelle confiance et j'appréciais son goût pour le travail opérationnel. Mais j'avais pu constater qu'il savait admirablement tirer la couverture à lui. Par exemple, il s'était vu présenter par la presse comme le « tombeur » d'Action Directe, alors que tout le mérite de cette opération revenait à Philippe Massoni... et à un coup de pouce du hasard.

Action Directe : une longue traque pour les renseignements généraux. Une traque qui avait été jalonnée de succès mais aussi de ratages et de bavures mémorables. La police n'est pas infaillible, surtout quand le hasard est de la partie...

***

Action Directe fut mon baptême d'entrée à la section recherches. En octobre 1982, je n'avais pas débarqué depuis une semaine, avec une quinzaine d'autres enquêteurs, que l'on s'apprêtait à appréhender Éric Moreau. Je ne fis pas directement partie de cette intervention, étant nouveau venu dans la place. Mais je suivis l'affaire de près. Membre important d'Action Directe, Éric Moreau était – à chacun sa croix – fils d'un commissaire de police. Il était considéré comme extrêmement dangereux.

Nous disposions d'un informateur nommé Jean-Louis Vaizon, proche d'Action Directe sans avoir jamais appartenu au noyau dur de ce groupe. Misant sur sa collaboration, la section recherches décida de monter une opération conjointement avec la B.R.I., la brigade de recherche et d'intervention, appelée couramment brigade « antigang ». Notre informateur fut chargé d'accompagner Moreau rue Saint-Fargeau dans le 20e arrondissement. Là, une équipe de la B.R.I. se mit en planque. Les hommes de la section recherches se tenaient un peu en retrait de ce dispositif, en protection. Une voiture garée au coin d'une rue perpendiculaire surveillait le lieu prévu de l'interpellation. A l'avant du véhicule se trouvaient le patron de la brigade antigang et son adjoint Bock. Sur la banquette arrière avait pris place le commissaire Jean-Paul, qui dirigeait alors la section recherches. Tous attendaient avec une certaine fébrilité l'arrivée de Moreau. Il était dix heures du soir et la rue était déserte, ce qui semblait devoir écarter tout risque de bavure.

A peu près à l'heure annoncée par notre informateur Vaizon, Moreau s'engagea dans la rue Saint-Fargeau. Les hommes de l'antigang le laissèrent approcher puis sortirent soudain à découvert pour l'appréhender. Mais Moreau n'était pas disposé à se laisser embarquer. Il défourailla aussitôt son pistolet et ouvrit le feu. Les policiers ripostèrent et une fusillade s'ensuivit.

Soudain, une balle fit voler en éclats le pare-brise de la voiture dans laquelle se trouvaient le patron de la B.R.I., son adjoint et le commissaire Jean-Paul ! Il y eut un moment de flottement dans les forces de police, un quart de seconde qu'Éric Moreau allait mettre à profit : il bondit et prit la fuite, malgré la réaction des policiers qui ouvrirent un feu nourri. Mais les balles ne ralentirent pas Moreau dans son élan. Pourtant, elles semblaient le traverser !

Moreau dut se volatiliser au coin de la rue. Plus aucune trace de lui... Par quel miracle, encerclé, avait-il pu échapper aux projectiles ? Et qui avait tiré dans la voiture des chefs ? Moreau avait-il pu abattre un des organisateurs de la souricière ?

En s'approchant du véhicule des autorités, les policiers ne furent pas longs à comprendre ce qui s'était passé. Le chef de la brigade antigang engueulait vertement le commissaire Jean-Paul, patron de la section recherches.

– Mais qu'est-ce qui vous a pris de tirer ? Vous avez perdu la tête ? Ils donnent le port d'armes à n'importe qui, aux R.G. !

L'adjoint Bock se tenait la tête en grimaçant de douleur. Il avait le tympan crevé. Le commissaire Jean-Paul, dans le feu de l'action, avait cédé à une impulsion guerrière. Il avait pointé son arme entre les têtes des deux policiers devant lui et avait pressé la détente. La balle était passée à quelques centimètres de l'oreille de Bock, lui crevant le tympan avant de faire voler en éclats le pare-brise. La réputation des R.G. auprès de la brigade antigang en prenait un sacré coup !

Plus tard, nous sûmes par notre informateur que la fuite de Moreau n'était pas de nature miraculeuse. Il portait ce soir-là un gilet pare-balles qui lui avait probablement sauvé la vie. Blessé seulement au bras, il avait réussi à se réfugier chez un ami qui habitait une rue voisine.

Détail amusant, si toutefois on est sensible à ce genre d'humour, Moreau porta plainte contre la police pour tentative d'homicide volontaire, une plainte qui fut d'ailleurs instruite !

Quant à notre informateur Vaizon, six mois environ après l'interpellation ratée de la rue Saint-Fargeau il était affecté à la direction centrale en qualité d'enquêteur contractuel. Il était grillé auprès d'Action Directe. Pire, Régis Schleicher, l'assassin présumé de Chahine, avait juré d'avoir sa peau. Pour assurer sa protection, il changea d'aspect physique et de domicile. Quelques semaines plus tard on le trouva quand même mort chez lui, une balle dans la tête, sans qu'on sût s'il s'agissait d'un suicide ou d'une erreur de manipulation de son arme administrative.

La première opération contre Action Directe dont j'étais le témoin se soldait par un fiasco total et la section recherches n'en sortait pas grandie. Et il y aurait d'autres ratages, suivis néanmoins de succès retentissants.

***

Vers la fin du mois d'août 1985, un hold-up sanglant fut commis dans une banque de la région lyonnaise. Un client ayant tenté de s'interposer, il fut abattu par les malfaiteurs qui parvinrent à prendre la fuite avec leur butin. La victime était un général de la gendarmerie nationale à la retraite qui payait bien cher d'avoir gardé intact son sens du devoir.

Les R.G. étaient sur le coup. La direction centrale, dont le grand patron était alors Pierre Chassigneux, soupçonna très vite un proche d'Action Directe, André Olivier, d'être l'auteur du hold-up meurtrier.

Cet Olivier était sans conteste un personnage dans les milieux extrémistes. En mai 68, il avait rallié l'action violente au sein de la Gauche Prolétarienne puis il avait enseigné la philosophie à Lyon et avait mis en application ses idéaux révolutionnaires, faisant un bout de chemin avec Rouillan et Ménigon. Mais sa forte personnalité, et son tempérament de meneur d'hommes devaient rapidement le faire entrer en conflit avec les leaders d'Action Directe. Olivier prit donc ses distances pour créer dans la région lyonnaise un autre groupe, baptisé l'Affiche Rouge et composé de « disciples » souvent recrutés alors qu'il était professeur. D'une intelligence supérieure, Olivier exerçait sur ses hommes une fascination mêlée de crainte. Après une action, il les obligeait fréquemment à des autocritiques et leur infligeait des humiliations qui renforçaient son emprise psychologique. Bien que proche des idées d'Action Directe, l'Affiche Rouge constituait un groupe autonome, soudé par l'admiration que ses membres vouaient à leur chef. André Olivier avait été marié et avait une petite fille. Mais, dans la semi-clandestinité depuis des années, il était séparé de sa femme. Celle-ci vivait avec sa fille à Lyon.

Depuis le hold-up de la région de Lyon, l'arrestation d'Olivier était à l'ordre du jour des renseignements généraux. Ferrand parti à la retraite (le lecteur apprendra plus loin dans quelles circonstances), Duran et moi dépendions à nouveau du directeur central adjoint Jean-Claude Riquois. Nous reçûmes l'ordre de recruter un informateur qui puisse approcher Olivier. Il fallut commencer par nous plonger dans nos archives, dans la biographie d'Olivier et dans l'historique de la Gauche Prolétarienne à la recherche d'un fil d'Ariane. Nous dénichâmes bientôt un détail intéressant. La direction régionale des renseignements généraux de Metz manipulait depuis longtemps un informateur nommé Pablo. Ce Pablo avait appartenu à la Gauche Prolétarienne qui avait compté dans ses rangs

André Olivier... et un certain Serge July, ainsi que d'autres « extrémistes » devevus aujourd'hui des notables bien rangés.

Pablo avait donc côtoyé en son temps Olivier, le futur chef de l'Affiche Rouge. Il s'était depuis longtemps détourné de l'action violente mais comptait encore assez de contacts dans ces milieux pour fournir des informations à la section locale des R.G. Bien qu'Olivier et Pablo aient suivi des chemins différents, Duran fut aussitôt persuadé d'avoir mis la main sur la perle rare. Pablo renouerait avec Olivier et, sur la base des renseignements qu'il nous communiquerait, nous pourrions monter une opération.

Pablo se mit rapidement à l'œuvre. Il reprit contact avec le chef de l'Affiche Rouge et, au bout de quelques semaines, il nous apporta une précision en or : lors de toutes les vacances scolaires, Olivier venait à Lyon pour chercher sa fille chez son ex-femme, et partait passer quelques jours avec elle chez sa maîtresse, dans la région de Saint-Étienne.

Nous savions désormais où et quand Olivier risquait de faire surface. Il s'agissait dès lors d'organiser minutieusement la souricière. Laisser approcher Olivier et refermer la trappe. Le tout sans bavure.

La section recherches mit le téléphone de l'ex-Mme Olivier sur écoute. Les vacances de la Toussaint approchaient, on ne tarderait pas à savoir si l'information de Pablo était solide. L'attente commença. La direction suivait attentivement les comptes rendus de l'écoute, à l'affût du moindre signe.

Vers la fin du mois d'octobre, une brève conversation téléphonique allait tout déclencher. Un homme téléphona à l'ex-Mme Olivier et lui demanda :

– As-tu toujours la tenue kaki ?

– Oui.

– Bon, il viendra la chercher la semaine prochaine.

Une conversation apparemment anodine, à un détail près : nous savions que lors de sa séparation avec sa femme, André Olivier avait emporté toutes ses affaires... à l'exception d'un treillis militaire. Le message était donc clair : aucun doute, André Olivier viendrait à Lyon la semaine suivante !

En apprenant la nouvelle, le directeur central adjoint Riquois se mit à jubiler.

– On va se le faire ! C'est du tout cuit, je le sens. Mettez-y le paquet s'il le faut mais ramenez-le-moi ! Et à votre retour, champagne et petits fours !

Branle-bas de combat à la section recherches. Mais pour ne rien laisser au hasard, il nous fallait des renseignements complémentaires. Pablo fut chargé d'en obtenir. Il nous apprit bientôt comment Olivier procédait d'ordinaire. Il entrait dans le parking en sous-sol de l'immeuble, couché sur la banquette arrière d'une voiture conduite par un complice. Informée de l'arrivée de son père un peu auparavant, la gamine descendait dans le garage par l'ascenseur et grimpait dans la voiture qui repartait aussitôt. Il suffisait donc de bloquer le véhicule à la sortie et le tour était joué. Simple. Sauf que tout restait à faire.

Le commissaire Iraçabal, l'artificier du 14 juillet, fut chargé des opérations. La première étape, essentielle, fut de trouver un poste d'observation pour surveiller en permanence les moindres gestes de l'ex-Mme Olivier et de sa fille. Les R.G. louèrent à cet effet un appartement face aux fenêtres de celui qu'habitait la petite famille. Le jour même, des équipes de deux se relayèrent. Les guetteurs devaient donner le signal par radio dès que la fillette se préparerait à descendre.

Une vingtaine de policiers fut répartie à l'intérieur

et à l'extérieur de l'immeuble. Tous étaient reliés par radio. Ceux qui étaient en planque dans le parking devaient donner le top départ dès que la fille d'Olivier serait montée dans la voiture. Et le piège se refermerait.

Dans son véhicule de service, à quelque distance de l'immeuble, le commissaire Iraçabal croisait les doigts. Il se voyait déjà recevoir l'accolade du président de la République. Il avait tout prévu. Il avait donné pour consigne à ses hommes d'attendre que la gamine soit dans la voiture pour intervenir. Cela devait en principe garantir une arrestation nette et sans bavure. Olivier ne prendrait pas le risque de mettre en péril la vie de sa fille. Nerveusement, Iraçabal tripota le bouton de son émetteur-récepteur. Il appelait sans cesse les deux guetteurs dans l'appartement.

– Ici Iraçabal. Qu'est-ce qu'elles font, là-haut ? vous ne voyez toujours rien venir ?

– Toujours rien.

Un quart d'heure plus tard, le même dialogue se répéta.

– Alors, toujours rien ?

– Rien à signaler, patron.

Pour se détendre, Iraçabal mordit dans un sandwich. L'attente se prolongeait. La tension montait. Les hommes en planque commençaient à gamberger.

– Attention ! crépita soudain la radio. La gosse enfile son manteau !

Iraçabal faillit s'étrangler et jeta le reste de son sandwich sur le trottoir.

– Tout le monde à son poste ! gueula-t-il. La môme se prépare à descendre ! La prochaine bagnole qui entre dans ce putain de parking, c'est pour nous !

La voix du guetteur continuait à crépiter.

– La petite embrasse sa mère. Attention, elle quitte l'appartement !

Les policiers en planque à l'extérieur surveillaient les deux extrémités de la rue. Soudain, une voiture apparut, roulant à vitesse normale. Tout le dispositif en fut aussitôt averti.

– Une bagnole s'approche de l'immeuble... Elle ralentit... Attention, elle s'engage dans le parking! Je répète : elle s'engage dans le parking!

Iraçabal ne tenait plus sur son siège. Dans quelques instants, si tout allait bien, ce serait fini. Mais pour le moment, il retenait son souffle. Dans le parking, les policiers informés avaient resserré le poing sur leur arme.

– Attendez que la fille monte! répéta Iraçabal, une main sur sa radio, l'autre crispée sur le tableau de bord.

La voiture s'engouffra dans le parking éclairé. Elle longea silencieusement la rangée de piliers pour s'approcher de la porte donnant sur l'ascenseur. Soudain, avant même d'atteindre cette porte, le chauffeur fit rugir son moteur. Les pneus et les courroies hurlèrent. La voiture bondit en avant, vira autour d'un pilier, escalada la rampe du sous-sol et jaillit hors du garage.

– La fille n'est pas dedans! hurla un des policiers.

Surpris de voir la voiture surgir aussi vite, les policiers à l'extérieur n'eurent pas le temps de bloquer le passage. Olivier était passé entre les mailles du filet! L'oiseau s'était envolé au nez et à la barbe d'une vingtaine de flics!

Dans sa voiture, le commissaire Iraçabal frôlait l'apoplexie. Jurant comme un putois, il se mit à marteler sauvagement le tableau de bord. Pendant une bonne minute.

Quelques jours plus tard, nous apprîmes par Pablo ce qui s'était passé. La minuterie du parking avait toujours été détraquée et Olivier le savait : elle ne restait jamais allumée plus d'une trentaine de secondes. Or, trouvant le garage trop sombre, un policier avait cru bon de bloquer la minuterie avec du ruban adhésif ! Les sens aux aguets, tapi sur sa banquette arrière, Olivier avait eu un doute, un pressentiment et avait ordonné à son chauffeur de démarrer.

Le dispositif impeccable avait été enrayé par un grain de sable. De même qu'au cinéma les casses du siècle butent immanquablement sur l'ultime détail, l'arrestation d'Olivier avait achoppé sur un vulgaire problème de minuterie. Il y avait de quoi rager.

Et Riquois ne s'en priva pas. Lorsque les policiers des R.G. revinrent bredouilles à Paris, ils se firent copieusement engueuler. Duran et moi avec eux, bien qu'en rien responsables. Notre travail sur l'informateur s'était avéré sans reproche.

– Vous avez foiré ! Vous l'avez laissé filer ! C'est à croire que vous vous foutez de ma gueule ! Une patrouille de boy-scouts aurait réussi ce coup !

On était un vendredi et l'on comptait sur le week-end pour se remettre de nos émotions. Iraçabal avait même invité tout le monde à dîner. Mais Riquois ne l'entendit pas de cette oreille.

– Pas question ! gueula-t-il. Vous allez me bouffer des sandwiches pendant deux jours et vous resterez ici à bosser !

Le directeur central adjoint nous avait promis du champagne et des petits fours en cas de réussite. L'opération avait échoué, il nous foutait au pain sec et à l'eau. Il nous « collait » comme des lycéens.

***

Riquois finit quand même par se calmer. Après tout, ce n'était que partie remise. Il y aurait d'autres congés scolaires et l'on pourrait rééditer le coup. D'ailleurs, les vacances de Noël n'étaient pas bien loin. Tout vient à point à qui sait attendre.

Riquois était un excellent flic pour qui son boulot consistait à arrêter des criminels et qui faisait tout ce qu'il fallait pour ça. Mais il avait oublié un détail. Aux R.G. comme en haut lieu, certains considéraient, on l'a vu, que les membres d'Action Directe ou leurs proches, tel le groupe Affiche Rouge, ne constituaient pas une priorité absolue. Le gouvernement socialiste n'avait-il pas conclu un pacte avec Rouillan et Ménigon ?

Vers la mi-décembre, Riquois prit une semaine de congés. Dans son dos, l'écoute de la ligne téléphonique de l'ex-Mme Olivier fut tout bonnement débranchée ! A son retour, Riquois piqua une crise. Il tempêta si fort que l'écoute fut rétablie d'urgence. Mais il était trop tard pour monter une opération à Noël.

Qu'à cela ne tienne, Riquois remit ça en février. Mais le dispositif fut installé en pure perte. Olivier ne se montra pas. Il avait sans doute décidé de faire l'impasse. Riquois s'obstinait néanmoins, malgré les doutes émis par certains.

– Chat échaudé craint l'eau froide, lui disait-on. Après nous avoir échappé d'un cheveu en octobre, Olivier ne prendra plus le risque de venir chercher sa fille.

Riquois ne se laissait pas démonter.

– Vous avez des enfants ? répondait-il simplement. Je vous fous mon billet qu'Olivier reviendra. Nous connaissons son talon d'Achille.

La première qualité du chasseur, c'est la patience. Celle de Riquois fut finalement récompensée lors des vacances de Pâques 1986. Le dispositif fut à peine modifié. Allégé dans le parking, il fut renforcé à la sortie. Au jour dit, la voiture d'Olivier pénétra dans le sous-sol de l'immeuble et les policiers la laissèrent sortir sans encombre, une fois que la fillette fut à bord. Le véhicule fut suivi et précédé par plusieurs motos et voitures. Lorsqu'elle s'immobilisa à un feu rouge, celle d'Olivier se trouva soudain encerclée par une demi-douzaine de policiers jaillis de tous côtés et qui braquaient leurs armes sur les occupants. Olivier ouvrit la portière, descendit et se rendit sans opposer la moindre résistance.

– Vous avez de la chance que je sois avec ma fille, se contenta-t-il de jeter aux policiers qui lui passaient les menottes.

L'arrestation d'Olivier fut un beau succès des renseignements généraux, qui pouvaient s'en attribuer à juste titre le mérite : la police judiciaire ne fut informée qu'après les faits. Mais Riquois ne put cependant pas sabler le champagne. En effet, pour être complète, l'opération aurait dû se poursuivre par l'arrestation d'un complice important d'Olivier, Max Frérot. Celui-ci logeait chez Joëlle Crépet, la maîtresse d'Olivier, aux environs de Saint-Étienne.

Malheureusement pour les R.G., une « fuite » permit à ce gros gibier de prendre le large. Cette fuite venait-elle de la P.J., vexée d'avoir été tenue à l'écart ? Venait-elle des R.G. eux-mêmes ? Quoi qu'il en soit, informée par on ne sait qui de l'arrestation du leader de l'Affiche Rouge, une radio annonça la nouvelle sur les ondes. Max Frérot se trouvait alors chez

Joëlle Crépet, qui dormait dans une pièce voisine. A l'annonce de l'arrestation de son mentor, Frérot comprit que la police ne tarderait pas à venir le débusquer. Il décida de s'enfuir. Céda-t-il à la panique ou bien voulut-il couvrir sa fuite en abandonnant la maîtresse d'Olivier derrière lui ? Toujours est-il qu'il s'éclipsa en laissant un court message : « Pardon. Je vous vengerai. »

Joëlle Crépet fut arrêtée sans coup férir. Dans les jours qui suivirent, plusieurs complices d'Olivier tombèrent à leur tour entre les mains de la police. Privée de son chef et inspirateur, l'Affiche Rouge se désintégra rapidement.

Un mois plus tard, Jacques Chirac était nommé Premier ministre. Charles Pasqua et Robert Pandraud s'installèrent place Beauvau. Tout le monde s'attendait à ce qu'Iraçabal fasse les frais de ce changement, étant donné la façon dont il avait affiché ses sympathiques politiques. Or il n'en fut rien. Grâce à sa connaissance du Pays basque et de la police espagnole, il accompagna Pandraud dans un voyage officiel en Espagne... Et ce voyage se passa si bien qu'Iraçabal se vit confier le poste de coordonnateur de la lutte antiterroriste au Pays basque ! Il devait malheureusement y mourir peu après d'une rupture d'anévrisme.

Restait Max Frérot, jugé dangereux, et qui semblait décidé à reprendre le flambeau. Il avait servi jadis dans les parachutistes sur l'injonction d'Olivier, il avait appris le maniement des explosifs, et il avait promis de venger son chef.

Quelques semaines après l'arrestation d'André Olivier, une bombe souffla un étage de la brigade de répression du banditisme à Paris. Marcel Basdevant, un policier proche de la retraite, connu et respecté de tous ses collègues, fut tué dans l'explosion. Victime d'un attentat aveugle, mais victime aussi d'une « fuite » malencontreuse qui avait terni le succès des opérations menées contre l'Affiche Rouge, en empêchant d'arrêter Frérot en temps voulu.

***

Cependant, si l'Affiche Rouge d'André Olivier appartenait désormais au passé, il n'en était pas de même d'Action Directe et de ses deux leaders, Rouillan et Ménigon, toujours en cavale.

Au début 1987, j'étais à l'école des inspecteurs, venant de réussir un concours interne. Bardon, devenu sous-directeur de la recherche, donna consigne à Duran de contacter un ancien militant d'Action Directe, qui pourrait éventuellement mettre les R.G. sur la piste de Rouillan et Ménigon. Ce militant s'appelait Mario Ines Torres, connu pour avoir été très proche de Rouillan, qu'il avait fréquenté à Toulouse dans les milieux anarchistes. Mais rangé ou en sommeil, il effectuait alors un stage de recyclage professionnel au château de Couiza, dans le département de l'Aude.

La mission était on ne peut plus simple. Il s'agissait de se rendre au château de Couiza, d'inviter Mario Torres à bord d'un véhicule et de lui offrir une petite « balade » à la campagne. Balade à l'issue de laquelle Torres serait convaincu de collaborer avec les renseignements généraux. Bref, la routine.

Duran ne jugea donc pas nécessaire d'effectuer lui-même le déplacement. Il envoya deux subordonnés qui se placèrent sous les ordres du commissaire Razia, patron de la section recherches locale, lequel avait insisté auprès de Duran pour diriger l'opération. A la différence de Duran néanmoins, Razia avait passé, dans sa vie, plus de temps derrière son bureau que sur le terrain. Mais bon, il ne s'agissait pas non plus d'aller arrêter Rouillan et Ménigon...

Les trois policiers partirent donc de bon matin à destination du château de Couiza. A leur grande satisfaction, la première phase de leur mission se passa comme prévu. Ils cueillirent Mario Torres à la porte du château et l'embarquèrent sans cérémonie dans leur carrosse. Mais, tout heureux de leur coup, ils commirent une erreur grossière : au lieu d'emmener leur passager à bonne distance, ils garèrent leur véhicule à seulement un kilomètre du château, et au bord de la route !

Manque de chance pour eux, un ami de Torres avait été témoin de son « enlèvement ». Il s'était empressé d'alerter la gendarmerie. (Il est des moments où tout anarchiste doit savoir mettre ses idéaux dans sa poche et son mouchoir par-dessus pour composer le numéro de police secours.) Les gendarmes patrouillèrent dans les environs et ne furent pas longs à repérer la voiture de nos trois compères et de leur invité.

Les présentations ne traînèrent pas. Pris la main dans le sac, le commissaire Razia déclina sa qualité et son service d'appartenance. Les gendarmes, fines mouches, comprirent dans quel plat ils venaient de mettre les pieds. Ils se contentèrent donc de demander aux trois fonctionnaires des R.G. de ramener Mario Torres au château de Couiza.

– Et puis vous n'aurez qu'à vous présenter à la brigade..., ajoutèrent-ils sans trop y croire.

Les fonctionnaires des R.G. conduisaient une voiture munie de fausses plaques d'immatriculation et rien ne les empêchait de prendre la poudre d'escampette. Ils ne risquaient pas d'être identifiés. Oui mais voilà, ce brave Razia était l'innocence faite flic. Il raccompagna à la porte du château un Mario Torres trop heureux de s'en tirer à si bon compte puis... se présenta comme convenu à la gendarmerie. Les gendarmes furent sans doute tout surpris de le voir arriver avec ses deux compères. Mais bon, puisqu'ils étaient là, il fallut les mettre en garde à vue. Le règlement, c'est le règlement.

Et Razia ne s'arrêta pas en si bon chemin ! Sous les yeux ébahis des gendarmes, il appela Bardon rue des Saussaies pour lui expliquer qu'il venait d' « enlever » Torres mais qu'il s'était fait « piquer » par les gendarmes, chez qui il se trouvait présentement en garde à vue ! Bardon faillit en avaler le combiné du téléphone. Il convoqua sur-le-champ Duran dans son bureau.

– Duran ! C'est vous qui avez envoyé ce zouave sur la mission Torres ?

– Ben oui... Pourquoi, il y a un problème ? Torres lui a filé entre les doigts ?

– Si ce n'était que ça ! Devinez où se trouve votre Razia en ce moment ? A la gendarmerie ! Il est gardé à vue avec vos deux bonshommes ! Et il m'appelle ici ! Moi !

Duran s'efforça de cacher son amusement.

– Mais qu'est-ce qui s'est passé, au juste ?

– Ils se sont fait prendre comme des bleus. Enfin quoi, dans ces cas-là, on ne se gare pas au bord de la route ! On ne les avait pas envoyés en pique-nique, nom de Dieu ! Et puis qu'est-ce qui l'obligeait à y aller, chez les gendarmes, hein ? Les pandores, c'est fait pour être roulés dans la farine ! Ah, vous me la copierez, Duran !

Duran essuya le grain sans sourciller. Il riait intérieurement en pensant à la tête de ce pauvre Razia, policier « de choc » en train de se morfondre derrière les barreaux d'un poste de gendarmerie.

– D'où vous me l'avez sorti, ce Razia ? demandait encore Bardon.

Duran dut expliquer que le fonctionnaire en question était certainement plus à l'aise à écrire des rapports qu'à effectuer des promenades champêtres avec de futurs informateurs. L'affaire fut portée devant Philippe Massoni, le nouveau directeur central des renseignements généraux, qui ne s'affola pas. Il en avait vu d'autres. Il prit les choses en main et tout finit par s'arranger. Libérés, Razia et ses deux malheureux compères ne furent plus inquiétés.

Razia, qui jurait un peu tard qu'on ne l'y reprendrait plus, s'arrangea dès lors pour rester autant que possible dans son bureau. Mais il ne rechigna pas à jouer les professeurs de temps à autre dans les écoles du renseignement. Il est vrai que l'affaire Torres avait pu lui fournir un excellent exemple des erreurs à ne pas commettre... Mais il se gardait bien de s'en vanter. Très récemment, j'ai appris que ce commissaire, nommé principal, avait rédigé un rapport disciplinaire sur un de ses subordonnés qu'il avait surpris en galante compagnie à bord d'un véhicule de service. Peut-être Razia joignait-il la vertu à l'honnêteté, ce qui faisait décidément de lui un flic modèle. A moins qu'il n'ait oublié qu'il avait lui-même été surpris autrefois dans une situation plus délicate qu'une conversation badine. Comme quoi on peut faire l'objet d'un rapport étouffé et ne pas manquer d'air pour autant !

***

Il ne fallait donc pas compter sur Razia pour arrêter les leaders d'Action Directe. Le ministre de l'Intérieur Charles Pasqua semblait même penser que les forces de police dans leur ensemble n'y suffiraient pas. Aussi lança-t-il une vaste campagne d'affichage : les visages des leaders d'Action Directe furent placardés un peu partout, et une forte récompense fut promise à quiconque pourrait fournir des renseignements. Cette politique avait été inaugurée peu de temps auparavant après la série d'attentats qui avaient ensanglanté la Capitale (rue de Rennes, Point-Show, Poste de l'Hôtel de Ville). La gauche exprima de nouveau son indignation devant cette incitation à la délation qu'elle jugeait à peine digne de Vichy ou de la conquête de l'Ouest. Mais Pasqua tint bon, promettant des résultats concrets et rapides.

Un autre homme devait souhaiter ardemment la chute d'Action Directe. Il sagissait du commissaire Pochon, responsable, on s'en souvient, de l'arrestation de Rouillan et Ménigon rue Pergolèse à Paris, et qui leur devait sa mutation à la Martinique. En 1984, Pochon était revenu de son île lointaine et avait été affecté à la Direction de la surveillance du territoire (D.S.T.).

Il conservait de nombreux amis au sein des renseignements généraux, notamment à la section recherches, et en particulier une enquêtrice prénommée Annie. Celle-ci avait réussi le concours d'entrée à l'école des inspecteurs. A l'issue de sa scolarité, et sur les conseils de Pochon, elle avait choisi de rejoindre celui-ci à la D.S.T.

Mais à la longue, elle se lassa du travail à la surveillance du territoire, trop cloisonnée. Contrairement aux fonctionnaires des R.G., en effet, les agents de la D.S.T. n'effectuent pas d'enquêtes de bout en bout. Ils collectent des renseignements dont ils ne saisissent pas nécessairement la finalité. Seule la haute hiérarchie, vers qui convergent toutes ces informations, possède une vision d'ensemble. Système qui a fait ses preuves mais qui ne convenait pas à l'inspecteur Annie. Elle aurait souhaité retravailler avec ses anciens collègues des R.G. qu'elle continuait de fréquenter, mais ne voyait aucun moyen d'y parvenir. Car s'il est relativement facile d'entrer à la D.S.T., il est en revanche très difficile d'en sortir.

Au début 1987, Annie s'ennuyait ferme. Or, un beau jour, par le plus grand des hasards, une de ses amies qui habitait à la campagne lui parla d'un « couple bizarre », plutôt sauvage, qui vivait depuis quelque temps dans une ferme isolée, à proximité d'un village nommé Vitry-aux-Loges. La description qu'elle en fit semblait correspondre à Jean-Marc Rouillan et Nathalie Ménigon ! Si cela se vérifiait, c'était le tuyau du siècle ! Annie pensa immédiatement à le communiquer à la hiérarchie de la D.S.T. Mais elle se ravisa. Elle se dit que si elle fournissait le renseignement à ses anciens collègues des R.G., elle pourrait peut-être obtenir sa réaffectation à la section recherches. Et si la piste se révélait fausse, personne à la D.S.T. n'apprendrait sa « trahison ». Elle n'avait donc rien à perdre.

Elle avisa donc un ami de la section recherches qui s'empressa de transmettre l'information à Bardon et Massoni. Une surveillance discrète fut immédiatement mise en place aux abords de la ferme. Ses occupants furent suivis dans leurs rares déplacements et photographiés jusque dans les supermarchés où ils effectuaient leurs courses.

Bardon se trouva donc rapidement en possession d'une série de clichés. Mais aucun d'eux n'était concluant à ses yeux. S'il s'agissait de Rouillan et Ménigon, alors c'est qu'ils avaient bien changé ! Ils étaient méconnaissables. Il étudia patiemment le rapport de la surveillance, le comparant avec les dossiers des leaders d'Action Directe, cherchant un détail qui puisse confirmer l'hypothèse. Malheureusement, il n'y avait rien que de très banal dans les achats des occupants de la ferme isolée : des boîtes de conserve, quelques vêtements, des produits de toilette, des graines pour hamsters.

Des graines pour hamsters ! Tout à coup, cela fit tilt dans l'esprit de Bardon : le dossier de Nathalie Ménigon précisait que la jeune femme adorait les animaux... et en particulier les hamsters ! Comme quoi la minutie des enquêtes finit toujours par payer...

Pour confirmation, Bardon fit aussitôt appeler Duran. Sans rien lui dire, il lui présenta les photos du couple de Vitry-aux-Loges. Duran, qui était un de ceux qui connaissaient le mieux Rouillan et Ménigon, n'hésita pas une seconde : malgré le changement d'apparence, il s'agissait bel et bien des leaders d'Action Directe !

La machine fut mise en branle. Le directeur central Massoni se chargea lui-même des opérations. Afin d'éviter tout risque de fuite, il eut l'intelligence de n'en informer que le ministre de l'Intérieur, court-circuitant ainsi les préfets de région et de département, la direction de la police judiciaire, la gendarmerie nationale ainsi que les magistrats chargés des dossiers d'Action Directe.

La section recherches prit la direction de Vitry-aux-Loges où elle mit en place un dispositif serré mais discret. Il neigeait. Une heure avant le déclenchement prévu, les hommes du R.A.I.D. (Recherche Assistance Intervention Dissuasion) arrivèrent sur les lieux, tout vêtus de noir et cagoulés, selon la dernière volonté du président de la République qui, en ces temps troublés, voulait sans doute donner à la force tranquille une apparence musclée.

Et la ferme fut prise d'assaut. L'effet de surprise joua pleinement. Les hommes du R.A.I.D. firent sauter la porte, tirèrent quelques coups de feu en l'air et s'emparèrent de Rouillan et Ménigon, ainsi que de deux autres membres d'Action Directe, Joëlle Aubron et Cipriani.

La cavale meurtrière des leaders d'Action Directe venait de s'achever. Si André Olivier avait réussi à échapper une première fois à la police à cause d'une minuterie trafiquée, Rouillan et Ménigon tombaient pour un hasard comme on n'ose en rêver : ce tuyau inespéré qu'avait recueilli et transmis l'inspecteur Annie. Charles Pasqua eut beau, lors d'une émission de télévision quelques jours plus tard, se féliciter de ce que sa politique d'affichage avait porté ses fruits, la vérité était tout autre : il ne s'agissait que d'un coup de chance, au mieux d'un coup du destin.

Après l'arrestation, la presse s'interrogea longtemps sur le mystérieux informateur qui avait touché la récompense de cent millions promise par les affiches. Cet informateur était en réalité un inspecteur de police, une « inspectrice » qui, en guise de récompense, se contenta de retrouver avec joie sa place au sein de la section recherches des renseignements généraux.

***

La longue traque lancée contre Action Directe avait donc pris fin à Vitry-aux-Loges. Privé de ses têtes pensantes et agissantes, le groupe violent ne ferait plus parler de lui. Je m'en réjouissais comme tout le monde, non sans un brin de jalousie frustrée. J'aurais bien aimé me trouver à Vitry. Le hasard en avait décidé autrement et je dus me contenter de participer au pot de félicitations. Pourtant, combien de filatures, planques et autres recrutements avais-je opéré sur ce groupe...

Je repensai notamment aux diverses surveillances visant Régis Schleicher, principal lieutenant de Rouillan et sans doute le plus dangereux. C'est au cours de ces missions que j'avais fait la connaissance d'un gendarme avec qui je m'étais lié d'amitié. Ce gendarme se nommait Paul Barril. Il devait par la suite quitter la gendarmerie nationale, lâché par ses supérieurs dans des conditions similaires à celle qui me valent d'être aujourd'hui entre les quatre murs de ma cellule. Je sais qu'il est de bon ton, dans la police, de critiquer les gendarmes ou de se moquer avec condescendance de leurs méthodes. Eh bien je peux dire que ceux que j'ai côtoyés en auraient remontré à beaucoup de flics. Paul Barril est de ceux-là.

Et du fond de ma prison, je me dis que l'un et l'autre, nous avons été curieusement payés de nos services, même si parfois nous n'avons pas suivi les voies de la modération. Le travail du renseignement n'est pas un long fleuve tranquille.

Chapitre VII

NAVIGATION EN EAUX TROUBLES

Je l'ai dit, j'ai une très mauvaise mémoire des dates. Pourtant, le 27 septembre 1990 restera pour moi marqué d'une pierre blanche. Jusqu'à cette date en effet, je gardai la possibilité de rebrousser chemin. Mais soudain, j'eus le sentiment d'avoir atteint le point de non-retour, de basculer dans l'inconnu. Les dés étaient lancés, et la lourde machine judiciaire allait s'ébranler sans qu'on puisse dire encore qui serait broyé.

Rien ne semblait pourtant devoir briser la monotonie de la routine carcérale, un moment troublée par l'arrivée d'un troisième larron, un gardien de la paix inculpé de recel d'objets volés. Ce jour-là, 27 septembre donc, après le déjeuner et la rituelle promenade digestive, j'ai regagné ma cellule avec mes deux compagnons d'infortune. Machinalement, pour combler le silence et tromper l'ennui, nous nous sommes installés devant le poste de télévision.

Comme le journal de treize heures débute, la porte s'ouvre et un surveillant m'annonce que je vais être transféré dans une autre prison. La nouvelle ne m'enchante guère. Je me sentais plutôt à l'aise ici, j'avais pris mes petites habitudes, réglé mon train de vie avec mes deux camarades de cellule. Je m'étais même acquitté de la redevance télé ! Et voilà qu'il me fallait plier bagages...

Mais je peux difficilement présenter une réclamation en trois exemplaires. Je m'exécute donc, commençant sagement à faire mon balluchon. Mes deux compagnons me regardent sans mot dire. Un quart d'heure plus tard, un autre gardien entre dans la cellule.

– Il y a erreur, me dit-il. Vous n'êtes pas transféré mais extrait.

Être extrait signifie qu'un service de police va venir me chercher pour que je sois entendu par un magistrat, ou par des policiers.

J'aime autant ça. Mais le soulagement laisse aussitôt place à une interrogation. La nouvelle de mon extraction soulève en effet une question lourde de conséquences. Je vais être entendu, c'est clair. Mais par qui ? S'il s'agit du parquet de Nanterre, c'est l'affaire Didier qui suit son cours. Mais si c'est à la brigade criminelle, ce sera comme témoin dans l'affaire Doucé et cela signifie qu'on passe à la vitesse supérieure. Cette alternative me turlupine tandis que je quitte ma cellule escorté par le gardien, et je la soupèse encore en attendant qu'on vienne me chercher dans le « sas de décompression », ce passage intermédiaire où l'on n'est plus tout à fait en prison mais pas encore à l'air libre.

Je vois bientôt arriver trois inspecteurs de police que je reconnais aussitôt comme appartenant à la brigade criminelle. Voilà la réponse que j'attendais. C'est donc destination Paris. Menottes aux poings, je monte dans une voiture de cette brigade en compagnie des trois inspecteurs qui me conduisent au Quai des Orfèvres. Là, on me confirme que je vais être entendu sur commission rogatoire délivrée par le juge instruisant l'affaire Doucé.

Curieusement, j'accueille l'information avec un complet détachement. Après tout, je suis déjà en prison, je n'ai plus rien à perdre. Et je suis bien décidé à les emmerder jusqu'au bout.

Avant l'audition proprement dite, j'ai un entretien en tête-à-tête avec le grand patron de la Criminelle qui tourne un moment autour du pot, tâtant le terrain. Il me laisse entendre qu'il est persuadé de ma culpabilité, non seulement dans la manipulation de Didier – ce qui est établi –, mais dans l'enlèvement du pasteur, qui pour l'instant a seulement disparu. Il me promet plus ou moins qu'au cas où j'avouerais tout de suite, il en serait tenu compte quand je serai jugé. Serait-ce un marché ? Je ne cherche pas même à sonder plus loin. Fort de mon innocence, je réponds :

– Aujourd'hui, je vais vous livrer trois noms de personnalités qu'on a projeté de me faire compromettre. La prochaine fois que vous m'interrogerez, je vous en donnerai trois autres. Et la fois suivante, c'est vous qui ne serez plus là.

Je sais immédiatement que le coup a porté. Je le vois sur son visage : il a compris que je ne bluffe pas. Ce n'est pas un pétard mouillé que je viens de sortir de ma poche mais une bombe à retardement. De mon côté, je m'efforce de donner l'image non pas d'un homme acculé qui décoche sa dernière flèche mais d'un homme conscient de la redoutable portée de ses armes. Je n'ai d'ailleurs pas à me faire violence ; mon pavé lancé, je me sens étrangement calme et maître de moi, obéissant désormais à une sorte de fatalisme : advienne que pourra. Mon interlocuteur comprend que je n'ai pas proféré cette menace en l'air. Il y a fort à parier en effet qu'on le rendra responsable du scandale qui ne manquera pas d'éclater. Et sa tête tombera. J'imagine même qu'il a dû sentir passer le vent du couperet. Je savoure ce moment de triomphe. Le patron de la Criminelle est maintenant dans un pétrin plus profond que le mien car il ne peut pas faire autrement que de m'entendre.

Je suis alors conduit dans un autre bureau afin d'y être interrogé. En me préparant à faire face au feu roulant des questions, je songe qu'une fois de plus, je me trouve pour ainsi dire de l'autre côté de la barrière. Pour ainsi dire, car s'il y a une chose que j'ai apprise dans ce métier, c'est justement que les barrières sont plus floues et mouvantes que des bancs de sable.

L'interrogatoire va durer onze heures sans interruption, c'est-à-dire jusqu'au milieu de la nuit. Au fur et à mesure que nous les remplissons, les feuillets du procès-verbal sont immédiatement envoyés au juge d'instruction qui lui-même transmet aussitôt à la Chancellerie. J'y établis sans détour qu'on m'a demandé de compromettre un ministre en exercice, un P.D.G. de l'audiovisuel et d'enquêter sur un célèbre avocat parisien, défenseur d'un des inculpés de l'affaire des cliniques de Marseille.

Je songe en souriant à la tête du juge d'instruction qui découvre avec effroi, page après page, ce qui lui tombe sur les épaules et qui attend avec une impatience mêlée d'embarras la livraison de chaque nouveau feuillet.

Ma déposition plonge des tas de gens dans le bourbier. Arrivé en état d'infériorité dans les locaux de la brigade criminelle, assailli de questions pendant presque douze heures, j'ai finalement retourné la situation à mon avantage. Et si j'hésite encore à imaginer où je viens de mettre les pieds, je ne peux m'empêcher d'éprouver un sentiment de satisfaction et de puissance. On m'a pris pour quantité négligeable, on a cru pouvoir étouffer une sale affaire sur mon dos. Eh bien, je vais montrer que je n'ai pas appris mon métier pour rien et que je suis prêt au besoin à emporter la main qui veut me museler.

Mesurant sans doute les conséquences possibles de ma détermination et cherchant une porte de sortie, le patron de la Criminelle me proposera le marché suivant, à l'issue de ces onze heures d'interrogatoire :

– Si tu avoues l'enlèvement et le meurtre probable de Doucé tu en prends pour cinq ans, et au bout de deux ans et demi tu seras libre. Si tu n'avoues pas, ce sera la perpétuité.

Je refuse catégoriquement. Maintenant que je suis engagé dans cette voie, je suis décidé à aller jusqu'au bout. Et je réponds sans hésiter :

– Ce n'est pas la perpétuité, ni même cinq ans ou deux ans : c'est zéro.

***

L'audition est close et je suis reconduit à Bois-d'Arcy. L'évolution de la situation n'est finalement pas pour me déplaire. J'ai marqué des points. Après avoir été l'instrument puis la victime de la raison d'État, je deviens sinon un danger au moins une gêne, une épine dans le pied de certains. En examinant pour la millième fois ma position, je me demande si le fait de défendre ma peau contre l'appareil que je servais n'ajoute pas un peu de piment à l'affaire. Et pourtant, après toutes ces années, je devrais être habitué à l'idée de naviguer en eaux troubles.

Ces eaux troubles, ce sont précisément celles où s'est diluée la vocation première des renseignements généraux. Somme toute, avec le recul, la situation dans laquelle je me débats m'apparaît comme l'aboutissement logique, inéluctable d'une lente dérive dont ont été victimes les R.G. D'abord limitée strictement à la lutte antiterroriste, l'action de certaines sections devait déborder sur tous les domaines de la vie civile et politique. Quant aux actions terroristes, j'avais pu me persuader en plusieurs occasions qu'elles pouvaient elles aussi être détournées, tantôt par des interprétations fantaisistes qui devaient servir certaines mouvances idéologiques, tantôt par des provocations politiquement guidées.

***

En matière d'interprétation partiale et d'exploitation partisane, l'affaire de la synagogue de Marseille me paraît un exemple simple et particulièrement édifiant.

Nous sommes en 1983. La section manipulation est dans l'air mais n'existe pas encore. Je travaille à la section recherches sous les ordres de son directeur adjoint, le commissaire Bordinat. J'y suis déjà plus particulièrement chargé de la manipulation. Parallèlement, je participe à un groupe chargé de l'extrême droite, comme d'autres s'occupent des Arméniens ou des Turcs. Mais je reste au sein de ce groupe un élément autonome, n'ayant jamais du reste fait partie d'un cadre strict.

La France ne s'est pas encore remise de l'attentat de la rue des Rosiers – perpétré quelques mois plus tôt – qu'une voiture explose devant la synagogue de Marseille. Deux hommes sont déchiquetés dans le véhicule, victimes selon toute vraisemblance de leur propre bombe. L'affaire est déjà suffisamment sérieuse. Mais elle prend rapidement la dimension d'un scandale « explosif », on me pardonnera ce mauvais jeu de mots. En effet, la police découvre, dans la carcasse à demi calcinée de la voiture, des affiches électorales de Jean-Claude Gaudin, qui briguait alors la mairie de Marseille détenue par Gaston Defferre. En pleine campagne municipale, voilà qui n'allait pas manquer de jeter de l'huile sur le feu.

Qui dit feu dit aussi marrons à tirer. Le maire de Marseille – qui, rappelons-le, était également à l'époque ministre de l'Intérieur – se jette sur cette aubaine comme la pauvreté sur le monde. De la même façon, d'autres, plus tard, monteront en épingle la profanation du cimetière de Carpentras. Quoi qu'il en soit, Defferre crie à l'attentat raciste, brandit le spectre de la montée du nazisme, vitupère contre la dérive extrémiste de la droite. L'occasion est trop belle pour ne pas être saisie et dûment exploitée. La presse emboîte le pas, reprenant en écho des accusations à peine voilées. Certes, les affiches constituent un fil bien mince : mais elles suffisent à créer dans l'imagination du public des ramifications souterraines et nauséeuses. Le coup est porté. Le fait est qu'elles ne sont pas venues là toutes seules, ces satanées affiches, et que leur présence ne doit certainement rien au hasard.

Rue des Saussaies, la piste extrême droite semble d'ailleurs se confirmer. Un inspecteur divisionnaire prête une oreille attentive aux confidences d'un informateur qu'il a connu des années auparavant, alors qu'il s'occupait des étrangers à Paris. L'informateur en question prétend que le commanditaire de « l'attentat de la synagogue de Marseille » ne serait autre que Me Galvaire, un avocat parisien catalogué à l'extrême droite dans les archives des R.G.

Personnellement, j'ai du mal à avaler cette histoire. Quelque chose ne colle pas. Les deux individus qui ont péri dans l'explosion de la voiture sont identifiés comme des criminels fichés au banditisme, et non des militants d'extrême droite. Je prends sur moi de me rendre à Marseille où je compte de nombreux amis. J'y rencontre un de ceux-ci, membre important du milieu marseillais. De fil en aiguille, l'homme me parle d'un bar, le Tony, qui aurait refusé de se plier à un racket et qu'il aurait donc fallu mettre au pas. Pour punir le patron, les racketteurs avaient décidé de faire sauter son établissement. Précision intéressante, le Tony se trouve situé à deux pas de la synagogue de Marseille. C'est donc le bar, et non la synagogue, qui était visé par nos deux apprentis artificiers. Mais à la suite d'une erreur de manipulation, la bombe leur a explosé entre les doigts avant d'avoir été posée, les tuant sur le coup.

Cette information jette une lumière nouvelle sur cette affaire, qui prend une tournure certainement moins sensationnelle, moins médiatique mais tellement plus logique : il ne s'agirait pas d'un attentat politique mais plus prosaïquement d'un attentat de droit commun qui aurait mal tourné.

Je m'empresse de faire mon rapport à Bordinat qui transmet. Mais l'inspecteur divisionnaire ne l'entend pas de cette oreille. C'est qu'il y tient, lui, à sa thèse de l'attentat antisémite. Il hurle au scandale, m'accuse de vouloir couvrir « mes amis de l'extrême droite » en détournant les soupçons sur une fausse piste. Il est vrai que je ne jouis pas spécialement d'une réputation de militant de gauche.

L'inspecteur divisionnaire a beau fulminer et taper du pied, ma version tient mieux la route que la sienne. Les deux poseurs de bombe sont fichés au banditisme, on ne leur connaît aucune sympathie politique. Par ailleurs, un informateur me précisera que Me Galvaire est peut-être un convaincu des thèses d'extrême droite mais que de là à commanditer un attentat, il y a un gouffre qu'on le voit mal franchir. Tout semble donc corroborer ma thèse qui est répercutée en haut lieu et finit par s'imposer.

Devant cette abondance d'arguments, on me donne finalement raison. Defferre met un bémol à ses diatribes et le directeur des R.G. ordonne à l'inspecteur divisionnaire de la mettre en sourdine. Celui-ci est d'ailleurs muté pour avoir alerté inutilement la classe politique sur la base d'une hypothèse fantaisiste.

Cependant, un détail restait en suspens et continuait de troubler les observateurs : car ces affiches électorales, on ne les avait pas inventées tout de même, on les avait bel et bien trouvées dans la voiture. Comment étaient-elles arrivées là ?

Des années plus tard, à Marseille, Duran et moi eûmes la confirmation d'un soupçon qui m'était venu. Au terme d'un dîner passablement arrosé, un commissaire de la direction régionale des renseignements généraux me révéla que c'était lui qui, arrivé le premier sur les lieux de l'explosion, avait placé les affiches de Jean-Claude Gaudin pour accréditer la thèse de l'attentat politique. Il avait agi de sa propre initiative dans l'espoir de briller auprès de son ministre qui avait alors une phobie des néonazis et que cette manœuvre caressait dans le sens du poil.

Dès qu'il est question d'acte terroriste, un souffle irrationnel s'empare soudain des parties en présence, que ce soit la police, le gouvernement ou les médias. Tous semblent s'acharner à brouiller les pistes pour des motifs de récupération divers. L'exploitation du drame de Carpentras en a encore récemment apporté la démonstration.

***

Deux ans après la synagogue de Marseille, l'affaire Turnayan fournissait un nouvel exemple de détournement d'attentats à des fins politiques.

Turnayan était un ancien lieutenant de l'A.S.A.L.A.

(Armée Secrète Arménienne pour la Libération de l'Arménie), organisation qui était alors en sommeil. Plus ou moins décidé à raccrocher, Turnayan s'était installé à Chalon-sur-Saône où il venait de faire l'acquisition d'un bar-discothèque qui ne bénéficiait pas encore de l'autorisation d'ouverture de nuit, ce qui mettait son propriétaire dans une situation commerciale précaire. C'est la raison pour laquelle Duran et moi avons pensé que Turnayan pourrait devenir une intéressante source d'informations.

Nous nous rendons donc à Chalon-sur-Saône pour un premier contact. Nous buvons le coup avec lui et là, chose assez rare pour être soulignée, le courant passe très bien entre nous. Turnayan est un personnage plutôt bon vivant et sympathique. Duran et lui en particulier s'entendent comme larrons en foire. Ou plutôt il s'établit entre eux une sorte de confiance et de complicité telle qu'il peut en exister entre des frères d'armes. Duran est un ancien d'Indochine, Turnayan un soldat de l'ombre. Cela crée des liens. Dans ce métier, il arrive que se nouent des amitiés *a priori* impossibles ou improbables entre personnes aux idéaux contradictoires mais aux natures étrangement semblables.

Ces amitiés, il s'agit alors de les entretenir. Nous promettons donc à Turnayan de l'aider à obtenir les licences nécessaires à l'exploitation de sa boîte. Cela mérite quelques confidences. Au bout de deux ou trois contacts, Turnayan nous révèle qu'il possède un stock d'explosifs provenant de divers vols effectués sur des chantiers de la région. Il nous emmène sur place, nous prenons des photos. Il nous dit ensuite connaître une équipe de gars qui fréquente son bar et qui serait susceptible de participer à des actions violentes. A quoi sont destinés ces explosifs ? Contre qui pourraient être dirigées ces actions ? Nous nous gardons bien de poser la question. Il ne faut jamais brusquer un informateur de bonne volonté. Il risquerait de se refermer comme une huître. Et en fait, Turnayan continue de parler : il nous fournit des indications qui nous conduiront à la localisation et à la saisie d'un important stock de munitions et d'explosifs dans la banlieue de Marseille.

Pour nous, Turnayan a fait ses preuves puisqu'il nous a permis de réaliser une réussite concrète. Duran et moi sommes donc d'avis qu'il serait bon de continuer à le fréquenter, ce que nous faisons régulièrement.

Or, dans le courant de 1985, une série d'attentats se produit dans la région de Chalon-sur-Saône, dont Pierre Joxe est alors le député. Ils ont presque toujours pour cible des supermarchés et les dégâts sont assez considérables. Automatiquement, nous pensons à notre ami Turnayan et à la clique hétéroclite de gars qui grenouille dans son bar. Mais, interrogé par nous, Turnayan nie toute participation active à ces opérations.

En haut lieu, on commence à s'agiter et à transpirer du col. Il n'y a encore aucune victime à déplorer mais une vague d'attentats à la bombe dans la circonscription du ministre de l'Intérieur Joxe, il faut reconnaître que ça fait plutôt désordre !

D'autant que les inspecteurs y perdent leur latin ! En effet, les attentats sont revendiqués par... Action Directe et l'information est reprise dans la presse, avec précaution toutefois. Difficile en effet d'accorder foi à une telle revendication : on comprend mal l'intérêt qu'aurait Action Directe à plastiquer un supermarché dans la région de Chalon-sur-Saône !

Pourtant, lorsque la permanence du Centre National des Indépendants (C.N.I.) est secouée par une explosion, son président, Philippe Malaud, ameute l'opinion, déclarant qu'il voit dans toute cette violence la conséquence logique de la politique laxiste d'un gouvernement qui a relâché de dangereux terroristes tels que Rouillan et Ménigon. Décidément, Joxe n'est pas à la noce.

Sans doute dénoncé par ses acolytes, Turnayan est arrêté et interrogé par un juge d'instruction. Celui-ci ne tarde pas à faire apparaître nos liens avec l'ancien militant de l'A.S.A.L.A. A cause de notre réputation d'hommes de droite, le juge imagine que Duran et moi avons téléguidé Turnayan dans les divers attentats qui ont enfiévré la région de Chalon. Une hypothèse un peu tordue en apparence mais qui, au moins dans l'esprit du magistrat, avait une certaine logique : deux « flics de l'opposition » auraient pu, par fourniture d'instructions, se rendre complices de troubles destinés à mettre un ministre socialiste en difficulté. Le juge n'aura de cesse de coller ces attentats sur le dos de Duran.

– Dites-moi que c'est Duran qui vous a ordonné de perpétrer ces attentats, dira-t-il à Turnayan, et je vous libère sur-le-champ.

Mais l'ancien lieutenant de l'A.S.A.L.A. refusera ce marché. Il refusera aussi bien de dénoncer ses amis détenteurs et poseurs de bombes. Turnayan sera finalement condamné à une peine de huit ans de prison pour complicité de destruction de biens. Dans le monde plus ou moins glauque des « indics » qui agissent pour de l'argent, par vengeance ou par peur, Turnayan reste pour Duran et moi un des rares exemples de types qui fonctionnent à l'amitié.

Turnayan en prison, les attentats cessèrent. On abandonna vite la piste Action Directe et chacun demeure persuadé que l'affaire de Chalon fut une provocation destinée à mettre Joxe dans l'embarras et à compromettre sa réélection dans sa circonscription. Quant à savoir qui furent les machiavéliques instigateurs de cette provocation... Mystère.

***

Le désintéressement d'un Turnayan est l'exception qui confirme la règle. Le mobile le plus courant de l'informateur, c'est l'argent. Encore faut-il pouvoir lui remettre sa récompense, ce qui peut donner lieu à des scènes cocasses. Surtout lorsque ledit informateur est insaisissable. Et *a fortiori* quand il s'agit d'un univers aussi à part que la Corse...

En 1984, le Front de Libération Nationale de la Corse (F.L.N.C.) revendique plusieurs attentats dans l'île de Beauté. Le groupe manipulation de la section recherches d'Ajaccio va s'attirer les louanges de la direction centrale en réalisant une excellente affaire. Un informateur signale en effet à deux enquêteurs l'emplacement d'une cache d'armes importante qui conduit à plusieurs arrestations.

Contrairement à une opinion couramment répandue, en effet, la loi du silence n'est pas plus en vigueur en Corse qu'en d'autres endroits. Et il n'y est pas plus difficile qu'ailleurs de recruter des agents du renseignement local. On peut même considérer que la « vendetta » encourage les trahisons.

Mais la tâche d'un professionnel du renseignement n'en est pas facilitée pour autant. La Corse est une petite île où tout le monde se connaît et où le téléphone « arabe » fonctionne à merveille. Il est donc impossible de passer inaperçu. Un continental n'est pas plus tôt invité chez quelqu'un que tout le monde sait ce qu'il y aura au menu. L'anonymat, la meilleure couverture de l'agent, la condition presque *sine qua non* de son efficacité, n'existe pas.

En l'occurrence toutefois, après cette saisie d'armes et plusieurs arrestations, les R.G. venaient de remporter une réelle victoire. Un joli coup de filet, ma foi. Il ne restait plus qu'à récompenser l'informateur auquel on avait promis une somme de cinquante mille francs. Et c'est là que l'affaire se corse – si j'ose dire –, nous obligeant, Duran et moi, à intervenir.

Un beau matin, notre directeur central adjoint Bergeret nous convoque dans son bureau et confie à Duran une mallette contenant la somme de cinquante mille francs. Il insiste sur le fait que nous devons la remettre « en main propre » à l'informateur et surtout pas aux deux enquêteurs qui ont mené à bien les opérations. Pourquoi une telle précaution ? C'est que Bergeret, s'il est très satisfait de leur travail, n'a pas une confiance absolue en la probité financière de ces deux fonctionnaires qu'il soupçonne de vouloir s'arroser au passage.

Nous voilà donc partis pour la Corse, la main sur la mallette. A Ajaccio, nous rencontrons les fonctionnaires des renseignements généraux locaux. Il règne dans cette section recherches une lourde atmosphère de suspicion. Le patron, qui est continental, ne peut pas s'absenter de son bureau sans provoquer aussitôt d'interminables rumeurs. En outre, tous les enquêteurs locaux ont plus ou moins des cousins au F.L.N.C., dans le milieu ou dans la police, et tout ce petit monde s'épie ou se communique des informations. Tout cela forme un écheveau complexe qui ne favorise ni la discrétion ni la confiance.

Nous nous apercevons très vite d'une autre particularité locale. Certains fonctionnaires des R.G., et notamment les deux enquêteurs de l'affaire en question, court-circuitent la direction centrale en travaillant directement pour Broussard, le préfet de police de la Corse. Ce dernier récolte ainsi, à l'occasion, des lauriers qui reviennent parfois de droit aux R.G.

Les deux enquêteurs, pourtant, nous accueillent avec

des grandes effusions, espérant sans doute nous soulager rapidement de cette mallette qui ne quitte plus Duran. Mais nous refroidissons bientôt leur enthousiasme en leur annonçant que nous voulons rencontrer leur informateur pour lui remettre son dû. Embarras visible des deux gars.

– Il refusera de vous voir, prétextent-ils. Il a l'habitude de traiter seulement avec nous, ça va le gêner... Et puis vous risquez de le griller...

Nos soupçons se confirment : ils veulent s'embourber le pognon. Il est même fort possible que les renseignements sur la cache d'armes ne proviennent pas de l'informateur signalé mais d'une source qui leur est propre. Quoi qu'il en soit, notre présence les empêche de faire main basse sur la récompense.

Comme Duran et moi ne démordons pas, nous nous retrouvons tous quatre dans le bureau du préfet de police Broussard qui, tel Salomon, doit trancher le litige. Les regards se croisent presque involontairement sur la précieuse mallette que Duran a gardé à portée de main. Dans l'espoir de débloquer la situation, Broussard, grand seigneur, se propose de jouer les intermédiaires.

– Donnez-moi la mallette et je me charge de tout.

Personnellement, ça me convient. Ce n'est pas mon pognon et je me soucie peu en fin de compte des voies qu'il empruntera pour parvenir à son destinataire, quel qu'il soit. Mais j'observe du coin de l'œil Duran et je vois qu'il est hésitant. Ses doigts tambourinent sur la mallette qu'il a maintenant posée sur ses genoux. Donnera, donnera pas ? Pour lui, ça sent l'entourloupe. Mais d'un autre côté, on ne va pas y passer la semaine et la solution Broussard arrangerait tout le monde. Sauf que les ordres de Bergeret sont formels... Décidément non, Duran ne lâchera pas l'argent. Ses doigts se referment sur la poignée de la mallette, au grand dam de ses interlocuteurs, et il annonce qu'il va en référer par téléphone à Bergeret.

Aussitôt dit, aussitôt fait. Je bénis le ciel que nous soyons en Corse et le grand patron à Paris parce qu'il nous passe un drôle de savon. Je l'entends tempêter dans le récepteur, nous servant un remake de *l'Avare* :

– Espèce d'incapables ! Et mon argent ? Qu'est-ce que vous avez fait de mon argent ? Vous ne l'avez pas donné, au moins ?

– Non, monsieur le directeur, le rassure Duran. La mallette et moi, on est devenus inséparables.

– Alors gardez-la au chaud ! Je vous ai donné une mission ! J'entends qu'elle soit remplie à la lettre !

Nous transmettons à Broussard, en y mettant les formes, bien sûr. Le préfet de police est blessé dans son amour-propre mais il ne peut rien faire. Il donne ordre aux deux inspecteurs de s'exécuter et de nous conduire jusqu'à leur informateur.

Deux jours plus tard, nos deux gars nous entraînent dans une interminable randonnée nocturne sur les sentiers du maquis corse. Enfin, devant une cabane à flanc de montagne, nous tombons sur un berger analphabète qu'ils nous présentent comme le mystérieux informateur, mais qui manifestement connaît le F.L.N.C. comme nous la fabrication du fromage de chèvre. Duran et moi échangeons un coup d'œil mi-surpris, mi-goguenard. Mais il n'y a rien à dire, le tour est joué. Sans la moindre illusion Duran remet la mallette dans les mains du berger.

Les deux enquêteurs se sont probablement partagés l'argent dès que nous avons eu le dos tourné. Et les renseignements généraux se sont fait gruger de cinquante mille francs, sans que Bergeret lui-même ait pu protester !

***

La Corse est décidément un pays à part. Certains ne s'y font pas. Peu avant notre départ, un haut fonctionnaire nous a invités à dîner et nous a fait part de ses griefs. Il souhaitait ardemment retourner sur le continent, où l'avaient d'ailleurs précédé sa femme et ses enfants. Entre la poire et le fromage, il nous a proposé à mots à peine couverts de nous fournir l'explosif pour faire sauter sa maison, ce qui lui permettrait certainement d'obtenir son « rapatriement d'urgence ».

Nous avons décliné poliment l'offre et nous avons pris congé. Dans la voiture qui nous ramenait à notre hôtel, Duran paraissait songeur.

– C'est drôle qu'il nous demande ça, à nous... C'est vrai, non ? Pour qui nous prend-il ?

Il avait la tête de l'abbé Pierre à qui l'on aurait demandé de voler sa sébile à un aveugle. Puis une étincelle s'est allumée dans son regard et nous avons tous deux éclaté d'un rire retentissant.

***

Duran, ses éclats de rire, ses coups de gueule et son coup de fourchette... Deux ans plus tard, il devait quitter la direction centrale sur un coup de maître qui lui valut des félicitations, un infarctus... et une mise au placard.

Dans les derniers temps, notre équipe était moins soudée car je passais le plus clair de mon temps à l'école des inspecteurs, aux environs de Fontainebleau, dont j'avais réussi le concours d'entrée. Je voyais donc moins mon ex-patron mais je continuais à lui donner un coup de main un ou deux jours par semaine. J'étais devenu en quelque sorte un pigiste du renseignement.

Les yeux de la France entière étaient alors tournés en direction du Liban où plusieurs diplomates et journalistes français se trouvaient retenus en otages. A la télévision, les présentateurs ouvraient leur journal en déclinant le nombre de journées de détention.

La France fait à l'époque l'expérience de la « cohabitation ». Charles Pasqua a pris ses fonctions à la tête du ministère de l'Intérieur. La libération des otages constituerait pour le gouvernement Chirac un superbe coup politique. Et pour y parvenir, ce dernier sait qu'il aura besoin de l'appui du président Chadli, président de la République algérienne. Traditionnellement fière de sa diplomatie, l'Algérie se flatte en effet d'avoir l'oreille de la plupart des dirigeants arabes. Elle pourrait aussi intercéder en faveur de la France auprès des Iraniens qui de leur côté ont la mainmise totale sur les groupuscules détenant nos otages à Beyrouth.

Pasqua commence à établir des contacts avec l'Algérie, qui connaît alors de graves problèmes sur le plan intérieur. En effet, le président Chadli est confronté à une opposition de plus en plus virulente, matérialisée par le Mouvement Démocratique Algérien (M.D.A.) dirigé par Ahmed Ben Bella, un des fondateurs historiques du Front de Libération Nationale (F.L.N.). Chadli n'a de cesse de briser ce mouvement d'opposition clandestin qui bénéficie d'un solide soutien populaire et possède de multiples ramifications européennes, en particulier en France.

Pasqua voit là une bonne occasion de faire une fleur à Chadli. Il demande alors au directeur central des R.G., Massoni, d'essayer de recruter un informateur au sein du M.D.A. en France. Massoni confie cette délicate mission à Duran.

Le M.D.A. n'est pas inconnu de nos services. Par le passé, nous avons déjà infiltré quelques informateurs mais sans résultat spectaculaire. Le mouvement a son siège parisien rue Ramey, dans le 18e arrondissement. C'est là que se réunissent tous les responsables européens du mouvement, dont Paris est en quelque sorte la plaque tournante.

Après un examen minutieux de nos archives, Duran va recruter un nouvel informateur qui pourrait bien être l'homme de la situation. « Kamel » est un vrai terroriste arabe qui a appartenu au groupe Abou Nidal, une dissidence dure issue de l'O.L.P. (Organisation de Libération de la Palestine). Mais Kamel veut décrocher, ce qui *a priori* n'a rien d'étonnant, étant donné la dureté des camps d'entraînement et autres préparations de commandos suicides auxquels les militants de son espèce sont soumis.

Contacté par Duran, il accepte de travailler pour nous, contre de l'argent bien entendu. Et de l'argent, à l'époque, on n'en manque pas aux R.G., grâce à notre ministre. Nous avons donc les moyens de nous offrir ses services qui pourraient s'avérer précieux. Duran et moi sentons que nous venons de mettre dans notre manche un sérieux atout puisque nous disposons, avec Kamel, d'un véritable professionnel du renseignement et de l'action.

Mais comment l'infiltrer dans le M.D.A. ? Il nous vient une idée de génie : faire entrer Kamel comme veilleur de nuit ou gardien de jour dans l'hôtel situé en face de l'immeuble qui abrite le local du M.D.A., rue Ramey. De cette façon, Kamel pourra observer à loisir les allées et venues et se lier avec les gens du M.D.A.

En réalité, il va faire beaucoup mieux puisqu'il retrouve un ancien compagnon de lutte avec qui il a commis des attentats à l'étranger. Grâce à lui, il est introduit au sein du mouvement clandestin.

Notre homme est donc dans la place. Il est si habile qu'il ne tarde pas à apprendre que le fichier européen du M.D.A. se trouve au sous-sol même de l'hôtel où il travaille ! Un membre du mouvement qui logeait dans l'établissement avait aménagé un coffre scellé dans un local affecté à la chaufferie, probablement avec la complicité ou la connivence de l'hôtelier.

Le renseignement vaut son pesant d'or. Il nous économise beaucoup de temps et d'efforts. Duran et moi nous frottons les mains : nous aurions pu cambrioler le local du mouvement et faire chou blanc, puisque les dossiers se trouvaient en face. Sans compter que l'information n'est sûrement pas connue de tous les militants du M.D.A., et que nous aurions donc pu recruter un informateur sur place sans forcément obtenir de résultat.

Une nuit, grâce à Kamel, nous nous introduisons dans l'hôtel. Avec l'aide d'un spécialiste, nous ouvrons le coffre, nous récupérons tous les fichiers du M.D.A. au niveau européen. Ils sont dûment photocopiés et remis en place pour ne pas griller notre informateur. Le lendemain matin, les copies seront transmises au ministre de l'Intérieur. Une affaire rondement menée.

Peu de temps après, Charles Pasqua remettra les fichiers en main propre au président Chadli. Un geste qui contribuera, très modestement certes, à la libération des otages français du Liban deux ans plus tard (à l'exception de Michel Seurat, qui décédera sur place).

Dans les sphères gouvernementales, on avait toutes les raisons de se réjouir.

– Nous saurons nous souvenir de cette réussite, dit Pasqua au directeur central, Massoni, qui transmit les félicitations à Bardon, alors sous-directeur de la section recherches.

***

Mais il devait y avoir un autre remercié. Duran en personne, qui avait subi un infarctus quelque temps après l'affaire du M.D.A... Sous prétexte de son fragile état de santé, on allait le muter à la direction régionale des renseignements généraux de Toulouse. En réalité, ce retour à la case départ provenait du fait que le ministère de l'Intérieur avait peur de se voir critiqué à cause de ses méthodes.

Cette mise au placard relève d'un paradoxe peu connu de l'opinion publique. Les deux ministres de l'Intérieur socialistes, Gaston Defferre et Pierre Joxe, qui ont pu faire figure de laxistes, étaient en réalité de faux mous qui n'avaient jamais eu l'idée de reprocher à Duran ses manières d'agir, peu orthodoxes mais efficaces. En revanche, le gouvernement Chirac, réputé autoritaire, celui-là même qui s'était vanté de « terroriser le terrorisme », se comportait en faux dur et en vrai mou, désavouant l'un de ses meilleurs limiers par crainte d'être accusé d'user de procédés antidémocratiques.

Il n'empêche que, avec l'affaire du Mouvement Démocratique Algérien, Duran avait signé son départ par un coup d'éclat.

Et moi, dans ma cellule, je me dis que mon départ des R.G. pourrait bien être marqué lui aussi par un coup d'éclat, mais d'une tout autre nature.

Chapitre VIII

LE GROUPE ENQUÊTES ET RECHERCHES

LA DÉRIVE

Dans ma cellule de Bois-d'Arcy, je commence à trouver le temps long. Je viens d'arracher une page au calendrier : 1er octobre 1990. Espérons que ce mois me sera plus favorable que le précédent. Depuis mon long interrogatoire par la brigade criminelle, quatre jours se sont écoulés au rythme immuable de l'univers carcéral : lever, toilette, petit déjeuner, promenade, repas et télévision. J'écoute attentivement les informations et je lis avec avidité tous les journaux sur lesquels je parviens à mettre la main. Le rôle et la fonction des R.G. continuent d'être la cible de la presse mais il n'y a pas un mot au sujet de mon interrogatoire par la Crime. J'étais pourtant persuadé qu'il y aurait des fuites! Mais patience, ça viendra...

Ce matin, je vais au moins pouvoir parler à quelqu'un d'autre que mon compagnon de cellule. Un surveillant vient en effet de m'annoncer que je dois me préparer pour aller à l'infirmerie où je suis convoqué pour un examen psychiatrique. Rien de surprenant ni d'inquiétant : c'est la procédure normale dès lors qu'il y a usage d'armes à feu. Cet examen a été demandé par le juge d'instruction Delfosse : il sera joint au dossier concernant le coup de feu que j'ai tiré dans la porte de l'appartement de Didier.

Le médecin psychiatre est un homme de mon âge, environ trente-cinq ans, d'origine asiatique. Le courant passe bien entre nous. Je lui expose clairement les circonstances de l'incident. Après quelques questions, il n'a aucune peine à établir que je n'ai pas agi dans un quelconque accès de démence mais que le coup de feu entrait dans le cadre logique de ma stratégie. La conversation dévie rapidement sur mes sujets favoris : le karaté, les échecs, la pelote basque et mon métier. Au terme d'une discussion amicale et fort intéressante, il conclut que tous mes ennuis sont venus du fait que j'étais spécialisé dans un domaine, la lutte antiterroriste, et que l'on m'avait chargé d'une enquête dans un milieu que je méconnaissais totalement : le milieu homosexuel et pédophile. Si j'avais été plus averti des caractéristiques de ce milieu, j'aurais pu me rendre compte que les renseignements que l'on m'avait fournis sur l'homosexualité de Didier étaient faux. Et bien entendu, je ne l'aurais pas chargé d'une mission dans cet univers qui n'était pas le sien. Cela m'aurait épargné bien des ennuis.

Je donne entièrement raison au psychiatre à ce sujet et nous nous quittons là-dessus. Tandis qu'on me raccompagne dans ma cellule, je repense à ce que m'a dit ce médecin. Il a mis le doigt sur un point sensible. Finalement, les méthodes que j'utilisais auparavant contre le terrorisme n'étaient peut-être pas applicables à d'autres domaines. Tolérées autrefois parce que mises au service d'une « juste cause », ces méthodes devaient immanquablement soulever des tollés d'indignation dès lors qu'elles sortaient de leur champ d'action initial. Pourtant, il me suffit de passer en revue les diverses missions que l'on m'a confiées ces deux dernières années pour m'apercevoir qu'au nom de l'efficacité et du succès, mon directeur a lui-même accepté et peut-être même inconsciemment provoqué cette dérive.

***

Je me revois encore arriver au groupe enquêtes et recherches qui sera connu dans tous les médias sous son sigle : le G.E.R.

C'était le 2 novembre 1987. Je venais de quitter l'école des inspecteurs de police de Cannes-Écluse, près de Fontainebleau. Après une scolarité honorable qui m'avait permis, par le biais d'un stage, de renouer avec la direction de la police judiciaire à laquelle j'avais appartenu en 1980 et 1981, j'étais sorti avec le rang de cinquante-cinquième sur cinq cent trente élèves, ce qui me laissait un éventail de choix assez large pour mon affectation. Après réflexion, je ne demandai pas à réintégrer la section manipulation. Duran parti, cette section réduite à une simple cellule administrative, je n'éprouvais pas de réel désir à retourner au ministère de l'Intérieur où je m'étais d'ailleurs fait un certain nombre d'ennemis.

J'optai alors pour la direction des renseignements généraux de la préfecture de police. Celle-ci présentait l'avantage de ne pas dépendre seulement du ministère de l'Intérieur mais aussi du préfet de police, et ces deux pôles de direction lui valaient finalement une certaine autonomie. Une autonomie qui n'était pas sans susciter quelques rivalités. L'organisation et le travail étaient sensiblement identiques à ce que je connaissais déjà, à cette différence près que si au ministère nous étions compétents sur tout le territoire, à la préfecture nous ne l'étions que sur Paris et la proche banlieue.

A mon arrivée, le directeur de ces R.G. de la préfecture de police était Michel Lacarrière. Je commençai par effectuer un stage de deux mois dans les différentes sections. Au terme de ce stage, il fut décidé que je serais affecté au groupe enquêtes et recherches, connu aussi sous le nom de groupe des enquêtes réservées. Dans l'esprit de Michel Lacarrière qui, comme son nom l'indique, était louablement carriériste et dont la devise aurait pu être « surtout pas de vagues », il s'agissait de m'affecter dans une unité où je n'aurais pas l'occasion de m'agiter comme par le passé.

Le 15 janvier 1988, je fis donc connaissance avec ce service et avec son patron, le commissaire principal Adam. Sous ses ordres timorés, les vingt fonctionnaires du G.E.R. ronronnaient doucement. Ils effectuaient des « enquêtes réservées », fondées sur les différents fichiers de la police nationale, des mairies, des services fiscaux et parfois de la gendarmerie nationale. Le G.E.R. se contentait en fait de réunir tous les renseignements disponibles sur telle ou telle personne, que ce soit un industriel en relation avec un ministère ou le petit ami de la fille d'un haut fonctionnaire. Il n'était plus question d'opérer sur le terrain mais simplement de compulser des archives.

Ce travail sédentaire était à cent lieues du style de vie que je menais avec Roger Duran. Mais, au moins pendant un temps, je m'accommodai plutôt bien de cette situation « pépère » : je n'étais pas mécontent de souffler un peu, de reprendre des horaires normaux. J'avais en outre gagné mes galons d'inspecteur et je pouvais envisager un bon déroulement de carrière en préparant le concours de commissaire de police. J'allais également me consacrer à ma vie de famille, au sport, apprendre à jouer aux échecs qui deviendront une véritable passion, et surtout j'allais me faire de nouveaux « potes » au sein du G.E.R. : Gilles, Renaud et Alain.

Célibataire, Gilles comptait quelques années de moins que moi. Il avait toujours travaillé au groupe enquêtes et n'avait donc jamais connu l'aspect opérationnel des R.G. Renaud, lui, était le prototype du titi parisien alors qu'Alain était breton, autant dire forte tête. Tous deux étaient mariés, donc *a priori* moins disponibles que nous, mais ils avaient par le passé appartenu à d'autres sections et je sentais qu'ils en avaient gardé une certaine nostalgie. Ma réputation m'avait précédé – on était aux R.G., après tout ! – et mes nouveaux copains essayaient souvent de me faire parler des enquêtes que je menais autrefois et de la façon dont nous procédions, Duran et moi. Mais je restais plutôt discret. Dans mon esprit, une page était tournée. Cette vie pépère devait durer près de deux ans.

En avril 1989, j'étais aux R.G. de la préfecture depuis environ dix-huit mois lorsque j'appris le départ de Lacarrière, nommé à la Direction générale de la sécurité extérieure (D.G.S.E.). Son remplaçant n'était pas un homme issu de la préfecture de police mais il n'en demeure pas moins que je le connaissais bien puisqu'il s'agissait de Claude Bardon. Eh oui ! Le Bardon de l'affaire Audran et de Vitry-aux-Loges. Je me dis qu'une telle ascension en un temps si court, ce n'était pas banal ! Arrivé en février 1986 au ministère de l'Intérieur avec le grade de commissaire divisionnaire, nommé successivement inspecteur général de l'administration, directeur central adjoint, voilà qu'il se trouvait propulsé directeur des renseignements généraux de la préfecture de police ! Un poste à hautes responsabilités que devaient lui envier nombre de ses collègues. Toutefois j'estimais que, dans son cas, cette promotion était amplement méritée : Bardon était un homme d'action, efficace et proche de ses collaborateurs.

Il n'empêche que sa nomination à la tête des R.G. de la préfecture de police n'était pas innocente et d'ailleurs personne ne s'y trompait. Elle correspondait à un désir politique de vitaliser une direction en demi-sommeil et semblait présager un virage abrupt dans nos activités. Cette direction allait sortir de sa douce torpeur. Et dans tous les services, on sentait qu'il allait falloir se retrousser les manches. L'arrivée de Bardon, à mon sens, c'était un drôle de coup de pied dans la fourmilière!

Je n'avais pas tort. Le nouveau directeur n'était pas dans ses meubles depuis un mois que déjà il faisait le tour de toutes les sections, annonçant un grand chamboulement dans les habitudes de la maison. Priorité serait donnée à la recherche du renseignement opérationnel, en langage clair au recrutement d'informateurs dans tous les domaines, aussi bien dans les milieux politiques et sociaux que dans ceux du banditisme, dévolus traditionnellement à la police judiciaire. Une révolution!

Tout le monde en resta abasourdi. De mon côté, j'accueillis la nouvelle avec des sentiments mitigés. Bien sûr, après dix-huit mois de calme plat, le travail sur le terrain me manquait, mais j'avais pris de nouvelles habitudes et je n'étais pas très chaud pour rempiler. Je savais trop bien ce que cela voulait dire : les nuits passées dehors, les horaires impossibles qui compliquent la vie privée et surtout les risques inhérents à la manipulation d'informateurs. En quatre ans à la direction centrale, j'en avais assez vu pour me forger une opinion. J'avais le sentiment d'avoir déjà donné. Mais je me doutais bien que Bardon, connaissant mes antécédents, ne tarderait pas à faire appel à moi. Je me gardai toutefois de devancer cet appel.

Dès le mois de novembre 1989, certains commencèrent à contacter et à immatriculer des concierges, de vagues connaissances, voire des amis. Pour se faire bien voir, pensaient-ils, il faut du monde. Peu importe la qualité, pourvu qu'on ait la quantité. Le directeur serait content. Là, ils se trompaient lourdement. Bardon avait suffisamment d'expérience dans ce domaine pour faire la différence entre un indic bidon et un informateur de qualité.

De mon côté, je fis la sourde oreille aux exhortations de mon patron direct, le commissaire Adam, qui rêvait d'apporter dans le bureau de Bardon une pile de dossiers d'agents recrutés par son service et faire ainsi la démonstration de son efficacité. L'ennui, c'est qu'en matière de prospection d'informateurs, mon expérience m'a appris que beaucoup en parlent à loisir mais que très peu passent aux actes. Il est en effet infiniment plus facile d'en disserter dans une école devant de jeunes inspecteurs que d'aller la nuit, dans des bars mal famés, risquer de compromettre sa carrière administrative. Quand ce n'est pas risquer sa peau. Mais la suite m'a prouvé que les prudents n'ont pas tort de freiner leur audace.

A mesure que les jours passaient, je sentais mon pote Gilles de plus en plus impatient d'effectuer ce genre de boulot. Il était au groupe enquêtes depuis sept ans et il désirait légitimement œuvrer d'une manière plus active. Connaissant mon passé, il revenait sans cesse à la charge, espérant me convaincre de franchir le pas. Je le savais capable de travailler dans ce domaine mais je m'étais efforcé de lui présenter tous les dangers que comportait ce genre de missions. Rien n'y faisait, Gilles n'en démordait pas : il voulait faire du recrutement. J'avoue qu'il n'était pas sans me rappeler à ce moment-là un jeune enquêteur de police enthousiaste nommé Dufourg, rencontrant Duran et voulant à tout prix travailler avec lui.

Partagé entre mes réticences et une nostalgie pour un métier qui continuait de m'attirer, je sentais bien qu'il suffirait d'une occasion pour me remettre le pied à l'étrier. Cette occasion ne tarda pas à se présenter.

***

Au début du mois de décembre 1989, la presse parlait beaucoup de l'archipel des Comores, dans l'océan Indien. Le président de la République islamique des Comores, M. Abdallah, venait d'être assassiné et le pouvoir était entre les mains du chef de la garde présidentielle, le Français Bob Denard. Le gouvernement de la France souhaitait le départ de Denard et de ses amis. Ces « soldats auxiliaires » quasiment officiels avaient largement contribué à perpétuer la présence française aux Comores mais ils devenaient encombrants. Il se trouve que quelques jours après l'assassinat de M. Abdallah j'avais rencontré un ami, que j'avais connu chez les parachutistes, et qui revenait des Comores. Il m'avait fait un exposé de la situation et m'avait livré quelques confidences. Je n'imaginais pas alors que cette conversation allait bientôt bouleverser mes habitudes et me relancer dans la chasse aux informateurs. Mais le hasard n'était pas seul responsable : j'avais sans doute bien plus envie que je l'imaginais de renouer avec mes anciennes activités, d'autant que Gilles m'y exhortait sans cesse.

Un soir, je prenais un verre avec lui quand soudain je me décidai à sauter le pas :

– Nous allons établir une note de contact sur un correspondant gravitant autour de Bob Denard et qui m'a renseigné. Téléphone au patron et dis-lui que cinquante mercenaires partent incessamment de Genève pour gagner Moroni, la capitale comorienne.

Gilles réagit au quart de tour. Il comprit aussitôt que ça y était, on démarrait ! Il s'empressa d'appeler Adam que cette nouvelle rendit fou de joie, bien qu'il n'y comprît pas grand-chose au premier abord. Il était tout de même plus de minuit et Adam dormait à poings fermés.

Le lendemain matin, Bardon, notre directeur, trouva sur son bureau une belle note de contact. Il était aux anges. Le renseignement monta jusqu'à l'Élysée, valut des félicitations au préfet et des réprimandes à la D.G.S.E., qui s'était montrée incapable de le fournir. Bardon me fit appeler et me dit que si j'avais besoin d'argent pour payer l'informateur, je n'avais qu'à demander. Autrement dit, il me poussait dans le dos.

– Continuez comme ça, Dufourg !

L'affaire comorienne dura encore quelques semaines. Gilles et moi-même nous y consacrions à plein temps. Nous avions trouvé le tremplin, nous étions lancés ! Dans la foulée, durant tout le mois de décembre, nous allions recruter plusieurs agents, notamment au sein des ambassades de Turquie et du Maroc. Nous allions à la pêche dans le milieu nocturne et interlope de Barbès et de Clichy, partout où nos visites pouvaient se révéler rentables à court terme. Il s'agissait en somme de jeter les bases d'un travail opérationnel.

Mais pour être véritablement efficaces, nous avions besoin de renforts. Nos deux potes Renaud et Alain nous rejoignirent. Nous formions désormais un groupe de fait, sans qu'aucune instruction officielle n'ait été donnée en ce sens, mais avec l'accord tacite et même la bénédiction de notre directeur. Fort de mon expérience, j'initiai peu à peu mes collègues aux techniques de manipulation. Bien sûr, tout cela n'était pas sans susciter des jalousies au sein du G.E.R. Si Adam laissait faire en espérant quelques lauriers à venir, les membres du G.E.R. qui continuaient à vivre le train-train classique de la section voyaient la situation d'un très mauvais œil. Cela me faisait l'effet d'un éternel recommencement : sept ans plus tôt, lorsque j'avais commencé à travailler aux côtés de Duran, j'avais attisé les mêmes jalousies de la part de mes collègues de la section recherches.

Quoi qu'il en soit, nous étions désormais quatre à nous occuper exclusivement du recrutement et de la manipulation d'informateurs. Mais malgré toute notre bonne volonté, il est évident que cela restait insuffisant pour couvrir les affaires de drogue, les contacts auprès des ambassades, les trafics de main-d'œuvre clandestine et autres investigations qui étaient notre lot quotidien. Je passai alors à la vitesse supérieure en nous adjoignant la collaboration de deux anciens agents que j'avais utilisés autrefois avec Duran : Christian et Momo. Effectuant planques et filatures, ils devinrent des auxiliaires à part entière. Ainsi naquit une équipe mixte policiers-« barbouzes », ce qui dans les annales des R.G. n'avait rien d'une innovation. Ce n'était un secret pour personne, et personne n'y trouva rien à redire.

Christian et Momo étaient des recrues extrêmement précieuses. J'avais pu me faire une idée de leurs talents respectifs à l'époque de la section manipulation, lorsqu'ils avaient collaboré avec Duran et moi.

***

Christian avait été recruté en décembre 1983. Nous l'avions surnommé « l'Ours » à cause de son physique imposant : il devait mesurer un mètre quatre-vingt-dix et peser un bon quintal. Son passé d'ancien militaire avait fait naître entre nous une amitié qui ne se démentira jamais avec le temps. Duran et moi-même l'employions dans des domaines aussi différents que l'extrême gauche ou les trafics d'armes au profit de groupuscules néonazis. Son physique un peu balourd et son apparence de garçon « franc comme l'or » inspiraient une certaine confiance aux personnages douteux qui nous prenions pour cible et qui ne pouvaient soupçonner aucune duplicité de sa part. Le plus grand souvenir qui me revienne en mémoire sur notre collaboration reste l'épisode du Front de Libération Nationale Kanak Socialiste (F.L.N.K.S.).

Au plus fort des événements de Nouvelle-Calédonie, Ferrand nous avait demandé de travailler sur ce domaine, sans nous donner davantage de précisions. Duran et moi-même nous trouvions donc devant deux axes possibles : les indépendantistes du F.L.N.K.S. ou les loyalistes caldoches, attachés au maintien de leur territoire dans la République française. D'un commun accord, puisque nous n'avions pas de directives très nettes, nous avons décidé de travailler sur le F.L.N.K.S.

Le représentant à Paris du mouvement de libération kanak était Jimmy Ouneï et nous avons naturellement pensé que c'était sur lui qu'il fallait concentrer nos efforts. Je m'y pris de la manière suivante : je décidai que Christian se ferait passer pour un trafiquant d'armes, ancien mercenaire déçu par la France, et proposerait à Ouneï de combattre aux côtés du F.L.N.K.S. Christian pouvait facilement entrer dans son personnage puisqu'il avait vécu quelques années en Nouvelle-Calédonie et possédait de ce fait une excellente connaissance des hommes et du terrain.

Au bout d'une quinzaine de jours, notre lascar avait réussi : il voyait Ouneï presque tous les jours et lui promettait des armes. Grâce à lui, je rédigeais des notes de contact intéressantes sur les activités et les projets du F.L.N.K.S. à Paris. Tout semblait aller pour le mieux.

Mais peu de temps après l'infiltration de Christian, Ferrand déboula dans notre bureau commun et nous engueula copieusement :

– Non mais qu'est-ce qui vous prend ? Vous avez perdu la tête ou quoi ? Quand je vous ai demandé de bosser sur la Nouvelle-Calédonie, c'était sur les Caldoches, bien sûr, et pas sur le F.L.N.K.S. !

Je fis mine d'échanger un regard surpris avec Duran puis nous tournâmes vers Ferrand deux visages rayonnants d'innocence.

– On ne savait pas, monsieur le directeur...

– Hé bien vous auriez pu vous en douter, rétorqua Ferrand, agacé par nos mimiques.

***

Si Christian était l'Ours, Momo avait tout de l'Anguille. Nous l'avions recruté en 1984, alors qu'il était employé par Rifaat al-Asad, le frère du président de la République syrienne qui dirigeait en France les services de renseignement de ce pays. Nous soupçonnions Momo d'avoir participé deux ans plus tôt à l'attentat de la rue Marbœuf contre les locaux d'un journal arabe. Personnage extraordinairement rusé et louvoyant, Momo pouvait, comme Christian mais avec des armes différentes, se faufiler sans problème dans tous les milieux. Nous l'utilisions principalement dans la mouvance d'Action Directe, sous le pseudonyme de Khalife. Très vite, il avait réussi à devenir un proche de Joëlle Aubron, avant que celle-ci ne bascule dans la clandestinité et ne soit finalement arrêtée à Vitry-aux-Loges. Ferrand s'intéressait de près aux notes que nous rédigions. D'autant plus près que, selon ses dires, il allait faire affecter prochainement à la section recherches un commissaire de police spécialiste d'Action

Directe, adjoint au commissaire principal Iraçabal qui dirigeait alors cette section.

– Vous allez voir ce que vous allez voir ! nous avait-il promis. Avec lui, ça va ronfler !

Il ne croyait pas si bien dire !

Le commissaire Yves débarqua donc à la section recherches. Il était d'un abord plutôt sympathique et nous parla vite comme à de vieux amis... des amis à qui il aurait seulement reproché de ne pas avoir comme lui, Ferrand, Iraçabal et les autres, la carte du parti socialiste. Cela ne l'empêchait pas de nous faire des confidences. C'est ainsi que nous apprîmes, un peu surpris, qu'il avait pour maîtresse une anarchiste espagnole.

– C'est sans doute pour mieux pénétrer les milieux d'extrême gauche, ironisa Duran.

Dans ses bagages, le nouveau commissaire avait amené un de ses anciens informateurs, José, dit « Pépé », recruté au temps où Yves officiait à la préfecture de police. José était infiltré au sein du groupe Action Directe et Ferrand eut l'idée de le faire travailler en doublette avec Momo. Duran et moi acceptâmes sans trop rechigner de nous séparer momentanément de notre indic. Les semaines passèrent... Nous restions sans nouvelle de notre Momo, puisque celui-ci était désormais traité par le commissaire Yves. Nous étions alors occupés à démanteler un trafic d'explosifs et, nous étant fait passer pour des acheteurs auprès des trafiquants, nous nous trouvions en possession de deux pains de tolite et d'une cinquantaine de détonateurs électriques qui nous avaient été remis à titre d'échantillons.

***

Un beau matin, le commissaire Yves vint me demander, avec l'accord de Ferrand, les explosifs et les détonateurs. N'y trouvant rien à redire – les ordres sont les ordres –, je lui en remis une partie, et le reste quelques jours après.

Deux ou trois semaines plus tard, j'avais presque oublié l'affaire lorsque Duran poussa un formidable juron en tombant sur une note émanant de la section recherches. Cette note faisait état de la surveillance de plusieurs membres des Brigades Rouges italiennes – groupe extrémiste de gauche –, qui devaient prendre livraison d'un pain de plastic et de détonateurs dans une consigne de la gare d'Austerlitz. La coïncidence était trop grosse, ça sentait le montage à plein nez!

Le soir même, Duran et moi sommes donc allés cueillir Momo et nous l'avons emmené prendre l'air à la campagne. Ce qu'il nous apprit était fort instructif : le commissaire Yves avait remis à « Pépé » les deux pains de plastic – les nôtres – et les cinquante détonateurs avec deux missions. La première consistait à faire sauter le restaurant appartenant au mari de sa maîtresse, l'anarchiste espagnole; la seconde, à vendre le reste du matériel à deux membres des Brigades Rouges de passage à Paris! Qu'est-ce que cela voulait dire? Le mari gênant éliminé, le commissaire Yves comptait-il convoler tranquillement avec sa maîtresse grâce à l'argent provenant de la vente d'explosifs à des terroristes? Ferrand ne nous avait pas menti : pour ronfler, ça ronflait!

Duran communiqua immédiatement ces informations à l'Inspection générale de la police nationale (I.G.P.N.), dirigée alors par notre ancien directeur central Paul Roux. Celui-ci, qui soupçonnait Ferrand d'être responsable de son éviction des R.G. et de son affectation à l'I.G.P.N., alias le « Cimetière des Éléphants », en péta d'aise dans son fauteuil. Le « Chef des Éléphants » tenait sa vengeance. Il fit placer dare-dare tout ce joli monde en garde à vue. Duran et moi avions bien entendu été convoqués en tant que témoins, puisque c'était nous qui avions découvert le pot aux « roses ». Des roses qui pour moi ne seraient pas éternellement sans épine.

Par la suite, Ferrand fut mis à la retraite d'office et le commissaire Yves fut rapidement muté. Quant à notre informateur Momo l'Anguille, sur ordre de Pierre Bergeret, directeur central adjoint des renseignements généraux, il fut présenté par mes soins à un commandant de la D.G.S.E. afin de collaborer à une affaire relative aux services de renseignements syriens. Ce « prêt », qui dura quelques mois, est un phénomène extrêmement rare, chaque service ayant tendance à garder jalousement ses sources d'informations. Notre générosité n'était en fait qu'apparente. En effet, Duran et moi ne rompîmes jamais le contact avec Momo, ce qui nous permit de bénéficier gratuitement de sa collaboration – puisqu'il était rémunéré directement par la D.G.S.E. –, tout en étant informés des axes de travail de nos « concurrents » ! On ne se refait pas...

Le commissaire Yves, pour sa part, est actuellement suspendu de ses fonctions dans le cadre d'une autre affaire suspecte, mais continue de toucher son traitement. Au fond, il y en a qui ne s'en sortent pas mal.

***

Je ris tout seul dans mon coin de cellule. Mon compagnon tourne vers moi un regard interrogateur. Je lui demande :

– Qu'est-ce qui fait plus de dégât, à ton avis, une balle de revolver ou un pain de plastic ?

Il n'a pas l'air de comprendre. Puis il hausse les épaules et se retourne vers l'écran de télévision. Je me replonge dans mes souvenirs.

***

Début 1990, notre équipe était donc au complet : elle comptait alors Gilles, Renaud, Alain et moi-même, nantis de nos « auxiliaires » Christian et Momo. Un troisième larron devait s'adjoindre rapidement à ce groupe : Jean-Pierre. Il m'avait été présenté par Christian alors qu'il était garde du corps de plusieurs hautes personnalités libanaises.

Ainsi, durant quelques mois, notre fine équipe recruta et manipula en obtenant des résultats qui pour être modestes n'en étaient pas moins prometteurs. Nous avions réussi par exemple à nous procurer une liste d'une dizaine d'agents des Renseignements iraniens opérant à Paris en liaison directe avec leur ambassade. Je rédigeais les notes de contact et Bardon semblait satisfait de nous, tout en espérant sans doute qu'on lui apporterait un jour ou l'autre un plus gros poisson.

Mais bientôt, pour des raisons familiales peu compatibles avec nos horaires « élastiques », Renaud et Alain durent retourner aux enquêtes classiques du G.E.R. Je ne travaillais donc plus qu'avec Gilles et nos trois collaborateurs.

Au début du mois de mai 1990, Bardon nous confia un dossier relatif à un individu de nationalité belge qu'il s'agisait de recruter, sans autre précision. L'homme était recherché dans son pays pour proxénétisme et fraude fiscale. Tenancier d'un bar de nuit à Pigalle, il gérait tranquillement ses affaires depuis Paris. Je lui expliquai que s'il tenait à ce que ça continue, il serait bon qu'il donne un petit coup de main de temps à autre à la police française. Pour ne pas heurter sa susceptibilité, je ne lui demandai pas de balancer les gens de son milieu mais de surveiller de près la clientèle de son bar. Ainsi, il n'apparaîtrait pas comme un informateur mais comme un auxiliaire de la police. Je lui donnai le nom de code de Jupiter. De conversation en conversation, je réussis malgré tout à glaner des renseignements relatifs au milieu du banditisme gravitant sur les 9e et 19e arrondissements de Paris. C'est ainsi que nous pûmes établir un rapport complet sur un petit trafic d'héroïne, lequel rapport fut adressé au préfet de police par Bardon.

A l'époque, notre travail était donc principalement axé sur le « judiciaire » dévolu normalement aux services concernés, tels que les divisions de police judiciaire ou les brigades de direction sises au 36, quai des Orfèvres. Cela ne dura pas. Notre champ d'action allait bientôt déborder sur les affaires de mœurs.

Vers le milieu du mois, en effet, le commissaire Adam nous demanda de contacter un jeune homosexuel et deux prostituées susceptibles d'entrer en contact avec des personnalités, c'est-à-dire qui sachent se tenir dans le monde. Ces recrutements furent effectués par l'entremise de Jupiter. Je ne connaissais pas ces personnes mais Jupiter devait me les présenter lorsque le besoin s'en ferait sentir.

Quelques jours plus tard, notre patron me convoqua dans son bureau et me confia le rôle que l'on comptait donner au jeune éphèbe. Il s'agissait de compromettre un ministre en exercice et un haut responsable de l'audiovisuel afin de les contraindre à démissionner de leur poste. On organiserait la rencontre et on prendrait des photos. Ces clichés seraient transmis à la hiérarchie, et on devine la suite... Coïncidence ? Le haut responsable de l'audiovisuel venait de faire l'objet, de la part de notre service, d'une enquête approfondie d'une trentaine de pages.

C'était la première fois que l'on me demandait de compromettre des personnalités. Et la première fois que je travaillais sur des affaires à connotation sexuelle. Duran et moi-même avions certes utilisé des prostituées dans le cadre de nos missions, mais cela n'avait jamais eu pour but d'exercer un chantage sur des personnalités en vue. Personnellement, je le répète, je n'avais pas d'états d'âme ni même de jugement critique sur cette évolution. Néanmoins, une vieille histoire que m'avait racontée un ami nommé Frédo trottait dans ma mémoire...

***

Ancien truand fiché au grand banditisme, Frédo était directeur d'une société de sécurité. Duran et moi avions eu recours à ses services dans une affaire délicate et digne de fournir la trame d'un roman d'espionnage. Bani Sadr, premier président de la République islamique mis en place par l'ayatollah Khomeyni, avait été destitué. Il avait fui l'Iran pour se réfugier en France, d'où il dirigeait un mouvement d'opposition. Bani Sadr avait alors pour collaborateur un certain Hammad. Or, grâce à nos renseignements, Duran et moi avions découvert que cet Hammad était en fait à la solde de Khomeyni! Cela nous donna un bon moyen de pression pour l'obliger à devenir un informateur des R.G. français. Dans sa position, il n'avait pas le choix.

Un beau jour, ce Hammad nous confie que Bani Sadr soupçonne son secrétaire d'être un agent du fils de feu le Shah d'Iran! Ne pouvant agir directement sans attirer l'attention de nos « rivaux » de la D.G.S.E., Duran et moi avons alors confié à Frédo la tâche d'enquêter sur ce secrétaire. Frédo parvint à établir que ce dernier était en effet un agent double et le secrétaire disparut mystérieusement de la circulation. Et c'est ainsi que – merveilles et méandres de l'espionnage – des policiers français aidèrent un agent triple, travaillant à la fois pour les R.G., l'ayatollah Khomeyni et Bani Sadr, à surveiller un autre agent – double celui-là –, secrétaire de Sadr mais à la solde du fils du Shah, et ce par le biais d'une société privée dirigée en l'occurrence par un truand ! Élémentaire, mon cher lecteur.

Mais revenons à cette affaire de mœurs. Frédo, alors qu'il faisait partie d'un gang de truands de la banlieue sud de Paris, avait été le témoin privilégié d'une affaire de mœurs mettant en cause un très haut magistrat. En 1976, dans le département du Val-de-Marne, fonctionnait en effet un réseau de prostitution de mineurs. Les « clients » étaient tous des notables, et parmi eux figurait ce haut magistrat. Un nommé Alain Jésus faisait office de rabatteur et, en échange, il obtenait pour le compte de ses amis truands toutes sortes de services de la part de cet éminent fonctionnaire : libérations conditionnelles, permis de visite, etc. Services qu'il monnayait bien sûr au prix fort. Frédo ne rechignait pas à participer à certaines « réunions » en compagnie de ce magistrat, pensant que cette « complicité ponctuelle » pouvait s'avérer utile.

Un jour pourtant, suite au dépôt d'une plainte, le réseau fut démantelé par la brigade des mineurs de Créteil. Toutefois, sur intervention de son protecteur haut placé, Alain Jésus ne fut nullement inquiété. Mais ce n'était qu'un sursis. Quatre ans plus tard, il fut abattu par une équipe de voyous. Cet assassinat était-il lié à l'affaire de prostitution infantile ? Alain Jésus était-il devenu gênant aux yeux de certains, car détenteur de lourds secrets ? Nul ne le sait.

***

Ce souvenir présent à l'esprit, je ne voyais pas d'un bon œil, en ce mois de mai 1990, le fait qu'on me charge de compromettre telle ou telle personne par le biais d'une affaire de mœurs. Par bonheur, on ne me donna jamais le feu vert. Et pour cause : trois semaines après, l'affaire Doucé éclatait.

***

La politique de recrutement que Bardon avait entreprise au G.E.R. ne tarda pas à porter ses fruits. Grâce à Pierrot, un informateur soupçonné de s'être livré au trafic de stupéfiants, Gilles et moi avions pu fournir à la direction de la police judiciaire des renseignements relatifs à une importante transaction de haschich. Bardon, notre directeur, était ravi. Nous reçûmes une lettre de félicitations accompagnée d'une gratification financière.

Mais notre plus grande récompense fut la décision de créer officiellement un groupe manipulation au sein du G.E.R. Adam nous demanda, à Gilles et à moi-même, de choisir deux fonctionnaires parmi l'effectif de la section. Notre choix se porta sur Pascal et Éric. Pascal, qui venait de débarquer au G.E.R., était un grand gaillard de vingt-cinq ans, taillé comme un joueur de rugby. Quant à Éric, plus chétif, c'était en quelque sorte « l'intellectuel » du groupe. Pour des raisons diverses, tous deux voulaient échapper à la routine des enquêtes administratives.

Nos premières missions consistèrent à recruter deux prostituées afin de les infiltrer dans une secte luciférienne, soupçonnée d'avoir participé à la profanation du cimetière de Carpentras, et à contacter la secrétaire de l'avocat d'un des personnages inculpés dans l'affaire des cliniques de Marseille.

Cette succession d'affaires à connotation sexuelle amena forcément des questions dans mon esprit. Était-ce le hasard ou existait-il un fil secret qui les reliait entre elles ? Je n'avais évidemment aucun élément de réponse.

Le 1er juin 1990, alors que je me trouvais en vacances dans le Sud-Ouest, Gilles vit atterrir sur son bureau un dossier concernant une association animée par un pasteur homosexuel.

Ce pasteur s'appelait Joseph Doucé.

Chapitre IX

L'AFFAIRE DOUCÉ

2 octobre 1990. Je me lève de bonne humeur. Je me sens en pleine forme. Mes dix-huit jours de détention n'ont entamé ni mon moral ni ma condition physique.

C'est aujourd'hui que la chambre d'accusation de Versailles statue sur mon appel de l'ordonnance du juge Delfosse me plaçant en détention provisoire. Mais il n'y a guère d'espoir : mon avocat Me Vergès pense que ma détention durera deux ou trois mois. Or cela ne fait pas trois semaines que je suis dedans... Tant pis, la liberté sera pour plus tard.

L'après-midi, un voisin de cellule me passe *Libération*. Ah! Je savais bien qu'il y aurait des fuites! Un article relate en détails mon audition du 27 septembre à la brigade criminelle. Il cite même les noms du ministre en exercice et du haut responsable de l'audiovisuel que j'étais chargé de compromettre si l'on m'avait donné le feu vert. Il va y avoir du sport! Je lis en outre qu'un débat sur les renseignements généraux aura lieu à la télévision dans le cadre de l'émission « Ciel, mon mardi », ce soir même. On va peut-être s'amuser!

L'après-midi s'écoule paisiblement. Mais intérieurement, je jubile. J'imagine qu'ailleurs, dans les couloirs du ministère ou dans les salles de rédaction, les commentaires doivent aller bon train. La bombe est lâchée : elle risque de faire des dégâts.

Vers 18 h 30, c'est la distribution des repas. Nous passons à table. Mais j'ai à peine eu le temps de sortir mon assiette qu'un surveillant ouvre la porte de la cellule.

– Dufourg ! Préparez vos affaires, vous êtes libéré.

Je reste un moment pétrifié par cette nouvelle. Je suis libre ! Je commence machinalement à préparer mon sac, aidé par Jean-Philippe, mon compagnon de cellule. Il est visiblement ému et content pour moi. Je lui serre la main, on promet de s'écrire... Et me voilà parti avec le surveillant. Dans ma tête, j'essaie de suivre les méandres qui ont conduit à ma libération. Puis je renonce à me torturer les méninges. Je me contente de savourer le moment présent. Je me sens léger, et j'ai un mouvement de sympathie pour le gardien qui salue mon départ.

Les formalités de sortie accomplies, deux fonctionnaires de l'Inspection générale des services (I.G.S.), la fameuse « police des polices », viennent me signifier ma suspension de la police avec plein traitement. Autrement dit, je serai payé à ne rien faire en attendant une décision ministérielle. Je repense au commissaire Yves : lui, ça fait deux ans que ça dure. Il y a de l'espoir ! Les deux fonctionnaires me proposent de me ramener chez moi. J'apprécie le geste. D'autant qu'il n'y a aucune trace de jugement dans leur attitude. Ironie du sort, lors de mon arrivée dans la police il y a douze ans, c'est dans leur service que j'avais été affecté. L'I.G.S. aura donc vu les débuts et la fin du policier Dufourg.

Arrivé à mon domicile, je retrouve mon épouse avec la joie que l'on imagine. Le téléphone n'en finit pas de sonner. Tous sont là, parents et amis, pour me témoigner leur sympathie. Me Vergès m'appelle et m'annonce qu'il participera à « Ciel, mon mardi ». Christian, l'Ours, mon collaborateur de la première heure, sera aussi de la partie. Me Vergès m'apprend également qu'un remaniement ministériel a été effectué ce jour même. Le ministre que j'ai cité lors de mon interrogatoire à la Crime ne fait plus partie du gouvernement... La démission du patron de l'audiovisuel suivra de quelques semaines.

Le lendemain de ma libération, après une bonne nuit de repos, je me sens d'attaque. Le combat peut commencer ! J'ai rendez-vous avec Me Vergès pour débattre de notre stratégie. Nous passons en revue, jour par jour, presque heure par heure, les événements de ces derniers mois, nous efforçant de démêler l'imbroglio.

***

Première semaine du mois de juin 1990. Je suis en vacances à Biarritz, l'esprit serein. Mon bref congé s'achève. Demain, je vais retourner au travail et à ce groupe manipulation que Gilles et moi-même avons créé au sein du G.E.R...

Le lendemain, je retrouve donc Gilles, Pascal et Éric. Après un point rapide sur les dossiers en cours, Gilles me parle du « Centre du Christ Libérateur ». Dirigée par le pasteur Joseph Doucé et son compagnon Guy Bondar, cette association est, comme son nom ne l'indique pas, un lieu de rencontre pour tout ce que la capitale compte de marginaux sexuels, pédophiles, sadomasochistes, homosexuels et lesbiennes.

– C'est ce qu'on appelle la liberté du cul... te ! me dit Gilles, qui attendait sans doute de me sortir cette plaisanterie depuis une semaine.

Le local de l'association est situé au domicile même de Doucé et Bondar, rue Clairaut, dans le 17e arrondissement. Nos renseignements précisent que le Centre du Christ Libérateur est notamment fréquenté, et de façon très assidue, par un certain Joël, déjà entendu par la police judiciaire pour attentat à la pudeur sur mineur de moins de quinze ans. Il est également mentionné que ce Joël est inspecteur aux Postes et Télécommunications.

Gilles m'apprend que le dossier Doucé a été rassemblé par la section presse de notre direction et qu'il lui a été remis par notre patron Adam, accompagné de photographies de Doucé, de Bondar et de leurs amis, prises par cette même section. Ne comprenant pas bien quel est le but de notre mission, je vais voir Adam qui, comme à l'accoutumée, ne sait rien. A moins qu'il ne veuille pas se mouiller, ce qui revient au même. Il me conseille d'aller me renseigner ailleurs. Ce que je fais illico. Après deux jours d'enquête, j'ai la réponse que je cherchais. Notre directeur, Bardon, veut livrer une affaire « clef en main » à la police judiciaire : une partouze pédophile. Il nous suffit d'en connaître la date, l'heure et le lieu. Dans notre dossier, nous devrions trouver un individu capable de nous aider. Bardon, depuis qu'il a pris la tête de notre direction, a fait ses preuves. Il a imprimé à tous les services un rythme réellement offensif. Je n'ai aucune raison de discuter ses ordres.

Pour l'informateur futur, je jette mon dévolu sur le nommé Joël qui présente toutes les caractéristiques nécessaires : il est pédophile et il a un emploi stable auquel il doit tenir. Toutefois, il ne faut pas précipiter le mouvement. Ne sachant pas grand-chose de Joël, ni du milieu qu'il fréquente, je décide de commencer par coller un autre informateur à ses basques, afin de connaître ses horaires de travail, ses habitudes, ses problèmes... Tout ce qui pourrait nous être utile pour faire pression sur lui.

L'association dont Joël est membre vient d'ouvrir une librairie à l'enseigne « Autres Cultures », toujours dans le 17e arrondissement, à deux rues du domicile de Doucé. Je demande à Adam deux mises sur écoute, l'une à la librairie et l'autre au siège de l'association. La première est accordée; la deuxième non, pour un motif que j'ignore. Peut-être Doucé est-il déjà branché par un autre service ? Aucune importance, on se débrouillera sans.

Entre-temps, un collègue et ami n'appartenant pas à la même section que moi vient me voir. Nous discutons de nos affaires respectives et je lui signale que je recherche un homosexuel susceptible de fréquenter la librairie « Autres Cultures » ainsi que le Centre du Christ Libérateur, et plus particulièrement de se lier avec le nommé Joël. Mon ami pense connaître un individu qui fera l'affaire, un certain Didier. Sur ma demande, il accepte de me le présenter. Nous irons le voir ensemble prochainement.

Mi-juin. Gilles part en vacances et je travaille donc avec Pascal et Éric.

Le 18 juin, vers 19 heures, nous nous rendons tous les quatre – Pascal, Éric, moi et mon ami – au domicile de ce Didier qui réside à Sèvres. Il n'est pas chez lui. Mais nous n'avons pas longtemps à attendre. Peu de temps après, en effet, il arrive. Il reconnaît mon ami, avec qui il a travaillé lorsqu'il était informateur des renseignements généraux. Il était alors axé sur un groupe anarchiste espagnol, le Groupe Révolutionnaire Antifranquiste du Premier Octobre (G.R.A.P.O.). Nous montons à son appartement et je lui explique le but de notre visite. Il ne semble pas enchanté par sa future mission mais il accepte finalement de collaborer.

Moi non plus, je ne suis pas ravi. Didier ne correspond

pas tellement à ce que j'attendais. Il n'a pas l'air d'être homosexuel et le fait que mes collègues viennent de trouver dans sa bibliothèque des piles de revues pornographiques ne constitue pas une preuve suffisante. Mais après tout, je n'y connais rien en matière d'homosexualité et il fera sûrement l'affaire. Nous convenons d'un rendez-vous chez Didier pour la semaine suivante et nous prenons congé.

Le lendemain 19 juin, dans la soirée, je décide d'aller surveiller les abords du Centre du Christ Libérateur. Joël est un habitué de cette association : avec un peu de chance, nous pourrons le voir sortir et le prendre en filature. J'aimerais avoir une bonne photo de lui que je communiquerais à Didier. Il ne s'agit pas qu'il y ait confusion sur la personne.

Vers minuit et demi, après des heures d'attente, rien! Il fait chaud, nous sommes allés boire quelques bières durant la soirée et nous sommes tous un peu énervés par cette planque interminable.

Je commence à perdre patience. Bardon me tanne à longueur de journée pour que je lui apporte des résultats concrets. Ce n'est pas en restant assis dans ma voiture que je vais les obtenir. Je décide donc de passer à l'action. On va bien voir si oui ou non Joël est chez Doucé. Autrefois, avec Duran, j'aurais fait ouvrir la porte. Eh bien je vais faire comme dans le temps! Je m'approche donc de la porte et je me mets à tambouriner consciencieusement.

– Ouvrez! Ouvrez!

Presque aussitôt, malgré l'heure tardive, deux hommes répondent, mais sans ouvrir le battant.

– Qui est là? Qu'est-ce que vous voulez?

Je veux qu'ils ouvrent. Je veux savoir si Joël se trouve à l'intérieur. Si c'est le cas, je saurai qu'il suffira à

Didier de se rendre au Centre du Christ Libérateur pour le rencontrer. Le fait que Joël me voie ou pas n'a aucune importance puisque lorsque je le rencontrerai, la prochaine fois, ce sera pour le recruter. Quant à Doucé et Bondar, ils ne m'intéressent pas. Je me mets à crier :

– Ouvrez ! Ouvez là-dedans !

Je balance un coup de pied dans la porte.

– Laissez-nous tranquilles ! Sinon...

J'ai dû y aller un peu fort. Les occupants de la maison prennent peur et téléphonent à police secours. Nous voyons arriver le car peu après et nous nous éloignons. Dès que le fourgon a tourné le coin de la rue, je me remets à tambouriner à la porte du pasteur. Mais à ce moment-là, un autre véhicule de police surgit et un officier de paix me demande des explications. Je décline ma qualité de policier et lui dit que nous avons pour mission de surveiller les abords de l'association. Après une brève discussion, il remonte dans son car qui repart. Nous faisons de même. Sur le pas de la porte qui s'est enfin ouverte, j'ai le temps de reconnaître le pasteur Doucé et son compagnon Bondar.

La semaine suivante, je me rends en compagnie de Pascal au rendez-vous fixé avec Didier, à Sèvres. Il n'est pas là ! Il nous a posé un lapin. Après une heure d'attente, nous renonçons. Décidément, cette affaire s'engage mal : je n'ai pas encore vu Joël, et je n'ai pas pu avoir de discussion fructueuse avec Didier, alors que j'ai déjà annoncé à Bardon le succès de son recrutement.

Quelques jours plus tard, en pleine nuit, je téléphone chez Didier, à Sèvres. Il répond mais me déclare aussitôt qu'il a peur et qu'il refuse de travailler pour moi, contrairement à ce qu'il m'avait promis lors de notre première entrevue. Ça se complique ! Il va falloir aviser.

Je rassure tant bien que mal Didier, tout en lui faisant comprendre que j'ai droit à des explications. Je lui dis que je passerai le voir bientôt.

Dans la nuit du 2 au 3 juillet, je me rends chez lui avec Pascal. Nous tambourinons et téléphonons à plusieurs reprises d'une cabine proche. Aucune réponse. Didier ne répond pas au téléphone, il n'y a aucun bruit dans l'appartement, aucune lumière ne filtre sous la porte et sa voiture n'est pas dans les parages. Pas de doute, Didier est en train de me lâcher.

Seulement, moi, Bardon ne me lâchera pas : ça fait presque un mois qu'il m'a mis sur l'affaire et le fait qu'un de mes informateurs craque ne sera pas pour lui une excuse. Il me faut à tout prix récupérer Didier.

Pour ce faire, j'imagine soudain un habile stratagème. D'après ce que m'a dit mon ami, Didier aurait « trahi » jadis ses copains du Groupe Révolutionnaire Antifranquiste du Premier Octobre (G.R.A.P.O.). Et de belle manière ! Alors qu'il travaillait pour les R.G. de la préfecture de police, il aurait permis une importante saisie d'armes appartenant à ce groupe anarchiste. Pourquoi ne pas lui faire croire que ses anciens amis du G.R.A.P.O. sont à ses trousses, ayant appris sa trahison ? Pris de panique, il ne manquera pas alors de me demander protection. Et je pourrai en échange exiger qu'il m'aide. Après tout, la lutte antiterroriste m'a rompu à ce genre de méthodes.

Je sors donc mon arme et tire un coup de feu dans la porte de l'appartement, imaginant la surprise de Didier à son retour. La détonation résonne sourdement dans le couloir. Nous repartons aussitôt pour Paris.

Là, je me donne quelques jours avant de recontacter Didier. Je veux le laisser mariner un peu et puis nous avons d'autres pains sur la planche. Ce dossier pédophilie n'est pas notre seul souci, loin s'en faut. Depuis le début du mois de juillet, notre informateur Pierrot, – celui de la drogue –, nous a aiguillés sur une affaire de trafic d'héroïne. Aujourd'hui 18 juillet, il nous fournit des renseignements beaucoup plus précis : le dealer se tient tous les soirs vers 20 h 30 dans une cité H.L.M. de Saint-Maur pour se livrer à son trafic. Voilà qui tombe à pic ! Un peu de concret à donner en pâture à Bardon. Demain, nous en saurons plus.

Le lendemain, 19 juillet 1990, je décide que nous irons planquer à Saint-Maur. Il faut y être vers 20 h 30, 21 heures. Il est dix heures du matin et nous avons toute la journée devant nous. Gilles est rentré de vacances et nous l'avons rapidement mis au parfum. Pascal est là lui aussi. Manque Éric qui à son tour a pris ses congés.

– Décidément, on ne sera jamais au complet, dis-je. Tant pis, voilà le programme : vers dix-huit heures, on ira planquer la librairie, pour essayer d'apercevoir Joël. S'il est là, on prendra une photo plus nette que celle que nous avons. A dix-neuf heures trente, j'ai pris rendez-vous avec Jean-Pierre que Bardon nous demande de réactiver au sujet de l'ambassade du Liban. Et ce soir, planque à Saint-Maur. Pour finir, on ira à la pêche aux renseignements chez nos amis de Pigalle.

En attendant le début des festivités, nous allons déjeuner chez le Marquis. Pierre de Saint-Léger, dit le Marquis, est gérant d'une société de pompes funèbres. Au fond de son magasin, dans une pièce séparée, il a aménagé une salle équipée d'une petite cuisine. Nous nous y retrouvons régulièrement pour y manger en compagnie d'une dizaine d'amis de tous horizons professionnels avec qui nous formons une sorte de confrérie qui nous permet à tous, pendant quelques heures, de nous détendre hors de notre univers habituel.

Vers onze heures, Gilles, Pascal et moi-même arrivons chez le Marquis. Nous y déjeunons avec deux autres convives et vers 15 h 30, nous allons dans une brasserie toute proche afin d'attendre l'heure de notre première planque. Inutile d'aller trop tôt à la librairie « Autres Cultures » : Joël, qui travaille dans l'administration, n'y passera vraisemblablement qu'en fin d'après-midi.

Vers 17 h 30, nous levons le camp pour nous rendre dans le 17e arrondissement, aux abords de la librairie. De 18 heures à 19 h 10, nous planquons en attendant Joël. Si seulement il pouvait se pointer, celui-là ! Je pourrais l'aborder et me passer peut-être de l'entremise de Didier, histoire d'activer un peu notre affaire. Mais nous poireautons en vain. Pas de Joël en vue.

Nous ne pouvons attendre plus longtemps. Il nous faut rencontrer Jean-Pierre, notre « collaborateur-auxiliaire », au sujet du remplacement de l'ambassadeur du Liban à Paris. Nous avons l'intention de lui demander de renouer contact avec diverses connaissances pour essayer d'obtenir quelques renseignements sur l'évolution de la situation libanaise.

Nous arrivons dans le bar, lieu du rendez-vous. Jean-Pierre ne s'y trouve pas. La librairie étant toute proche, je demande à Gilles et Pascal d'aller y faire un tour. Ils ne devraient pas éveiller la méfiance des occupants, même si Doucé et Bondar sont là. En effet, lors de mon raffut du 19 juin au soir, Gilles était absent et Pascal se tenait à bonne distance du local. La mission que je leur donne est double : vérifier si Joël ne se trouve pas là-bas et constater éventuellement la présence de revues pornographiques mettant en scène des mineurs.

A 19 h 30, Gilles et Pascal reviennent et me font un bref compte rendu. Ils se sont présentés à la librairie comme de simples clients, ils ont pu bavarder avec le pasteur Doucé au sujet de son association et ils ont feuilleté quelques revues. Rien de très probant. Quant à Joël, toujours aucun signe. Jean-Pierre arrive enfin et nous discutons jusqu'à 20 heures, heure de fermeture du bar. Jean-Pierre nous raccompagne jusqu'à notre véhicule, garé à proximité. Gilles et Pascal refont un passage devant la librairie : elle est fermée.

Après avoir salué Jean-Pierre, nous prenons la direction de Saint-Maur à bord de notre voiture. Il est environ 20 h 10.

Vers 20 h 50, nous arrivons sur les lieux et nous commençons la surveillance de l'endroit où est supposée s'effectuer la vente d'héroïne, selon les précisions fournies par notre informateur. A 23 h 30, n'ayant rien remarqué de suspect et n'ayant aperçu ni le dealer ni son véhicule précédemment décrit par Pierrot, je décide de lever la surveillance. La prochaine fois que nous verrons ledit Pierrot, il faudra qu'il nous montre plus précisément le lieu où s'effectuent les transactions.

Nous repartons vers Paris pour nous rendre dans le quartier de Pigalle. Là, nous allons enfin décompresser : tout en faisant le bilan de la journée, plutôt négatif, nous discutons avec différents contacts dans deux cabarets du quartier en buvant quelques verres de champagne. La vie d'un policier des R.G. a ses bons côtés. Vers quatre heures trente du matin, il est temps d'aller se coucher. La journée ayant été longue, je décide que nous ne travaillerons pas aujourd'hui, vendredi 20 juillet, et que nous reprendrons lundi. Nous avons en effet l'avantage de pouvoir organiser nous-mêmes notre emploi du temps. On nous fiche une paix royale à la direction.

Lundi 23 juillet. Après un week-end salutaire, c'est frais et dispos que nous nous retrouvons au bureau. La journée s'écoule normalement. Rien à signaler, sinon qu'à midi, Gilles et moi sommes retournés à Saint-Maur avec Pierrot pour mieux localiser le quartier général du dealer. Bien entendu, nous avons employé les précautions d'usage : ne jamais sembler mettre en doute la parole d'un informateur, ça pourrait le décourager. Nous n'avons donc pas dit à Pierrot que nous avions planqué en vain le 19 à ce même endroit.

En fin d'après-midi, je lis les comptes rendus de l'écoute téléphonique de la librairie « Autres Cultures ». Ils sont rédigés par le groupe interministériel de contrôle (G.I.C.), situé dans le 7e arrondissement. A la demande d'un service de police, de gendarmerie ou autres, ce G.I.C. effectue la mise sur écoute d'une ligne téléphonique et enregistre tous les appels. Pour ce faire néanmoins, il lui faut l'accord du ministre de l'Intérieur en ce qui concerne la police, du ministre des Postes et Télécommunications et en dernier lieu du chef de cabinet du Premier ministre. Ces écoutes dites « administratives » sont parfaitement illégales mais sont couvertes par le secret-défense, contrairement aux écoutes « judiciaires » décidées et contrôlées par un juge d'instruction.

Les comptes rendus de l'écoute sur la librairie ne donnent rien d'intéressant. Le dernier en date remonte au 20 juillet et il est mentionné qu'à 12 h 30 un certain Daniel se trouvant à la librairie a appelé Guy Bondar au Centre du Christ Libérateur. Le texte exact du compte rendu est le suivant : *« Daniel informe Guy du coup de fil des Éditions Souffles. Le pasteur est à la librairie en ce moment. Une réunion a lieu ce soir. Guy viendra sans doute.* » Rien que de très banal en apparence.

A 17 h 30, je quitte le bureau et rentre chez moi. A 18 heures, je reçois un coup de fil de François Rieu, chef inspecteur divisionnaire et adjoint d'Adam, patron du G.E.R. :

– Le pasteur Doucé a disparu le 19 juillet, me dit-il. Il aurait été enlevé à son domicile ce jour-là, à 20 h 30, par des policiers.

– Mais il est impossible qu'il ait été enlevé le 19 ! répliqué-je. Je viens de lire le compte rendu d'une écoute téléphonique. Le 20 juillet à midi trente, Doucé se trouvait encore à la librairie.

François Rieu admet que mon raisonnement est logique et nous décidons de tirer cette affaire au clair le lendemain.

Le 24 juillet, j'arrive donc de bonne heure au bureau et ressors le compte rendu d'écoute daté du 20 juillet et rédigé par le fonctionnaire n° 21. Pour des raisons liées au secret-défense, les fonctionnaires du G.I.C. s'identifient en effet par un numéro.

Bardon se trouvant en congé, François Rieu et moi-même signalons ces faits au directeur adjoint des R.G. de la préfecture de police par le biais d'un rapport succinct.

Au cours de l'après-midi, je prends connaissance de l'intégralité de la situation : le 19 juillet, à 20 h 30, deux individus se sont présentés comme appartenant à la police nationale au Centre du Christ Libérateur et ont demandé à Joseph Doucé de les suivre pour une durée qui ne devait pas excéder une demi-heure. Guy Bondar, concubin du pasteur, ainsi qu'un de ses amis ont été témoins de ces faits. Ne voyant pas le pasteur revenir, Guy Bondar, « très inquiet », signale la disparition... vingt-quatre heures plus tard ! Et ne dépose plainte que quatre jours après !

Le vendredi 27 juillet, le parquet de Paris décide l'ouverture d'une information contre X pour arrestation illégale et séquestration arbitraire. Le juge Nadine

Courcol est saisie de l'affaire et la brigade criminelle chargée de l'enquête sur commission rogatoire générale délivrée par ce juge. Gilles se trouve en congé maladie depuis deux jours.

Dans l'après-midi, le commissaire Adam, Pascal et moi-même avons une courte réunion avec le directeur adjoint de la police judiciaire, le chef adjoint de la brigade criminelle et un sous-directeur de la direction des renseignements généraux. Le préfet de police est en vacances, Bardon, directeur des R.G., est en congé, le directeur de la P.J. se repose en province et le patron de la « Crime » est à la pêche. Quand les chefs sont absents, les adjoints se débrouillent comme ils peuvent.

Au cours de cette réunion, je signale les faits suivants : premièrement, un compte rendu d'écoute téléphonique infirme les déclarations de Bondar quant à la date de la disparition du pasteur; deuxièmement, les renseignements généraux n'étaient pas seuls à travailler sur cette affaire. En effet, peu de temps auparavant, j'ai eu une conversation téléphonique avec un commissaire de la brigade de répression du proxénétisme qui enquêtait également sur le pasteur Doucé et son association.

– Parfait, Dufourg, déclare Cances, le directeur adjoint de la police judiciaire que j'ai bien connu lorsqu'il dirigeait la Brigade de Recherche et d'Intervention (B.R.I.). Nous allons prendre vos déclarations sur procès-verbal à la Criminelle !

Me voilà donc parti avec Pascal, le chef adjoint de la « Crime » et le directeur adjoint de la P.J. En chemin, je bavarde tranquillement avec ce dernier et nous évoquons quelques souvenirs communs. A 17 heures, arrivés à la brigade criminelle, Pascal et moi sommes entendus. Très vite, je m'aperçois que les fonctionnaires de la P.J. butent sur un point de détail : Bondar, lors du dépôt de sa plainte concernant la disparition de son concubin, a mentionné l'incident survenu le 19 juin, c'est-à-dire le tapage nocturne à la porte du couple Bondar-Doucé. J'ai prévu le coup et nous sommes convenus avec Pascal de taire notre rôle dans cette intervention.

A 23 heures, nous sommes toujours dans les locaux de la brigade criminelle. Soudain, on me demande d'entrer dans un bureau où je trouve quatre inspecteurs et un brigadier de police. Ce dernier me reconnaît formellement comme étant l'auteur du tapage nocturne du 19 juin. A partir de là, tout s'emballe ! Pascal et moi-mêmes sommes placés en garde à vue pour une durée de vingt-quatre heures qui sera prolongée de moitié. Durant ce laps de temps, Gilles, en congé maladie à son domicile, sera conduit à son tour dans les locaux de la P.J. et nous serons tous trois interrogés, confrontés aux témoins tandis que nos appartements et bureaux seront perquisitionnés. Le grand jeu !

Je reconnais sur procès-verbal notre participation au tapage nocturne. Ce n'est pas bien méchant. Mais pour la brigade criminelle le bilan reste on ne peut plus maigre. Les perquisitions n'ont rien donné. Et surtout, Bondar et un de ses amis, témoins de l'enlèvement, sont formels : nous ne sommes pas les ravisseurs de Doucé. Ils ne reconnaissent pas davantage Jean-Pierre, notre informateur « libanais », qui confirme pour sa part qu'il nous a quittés à 20 h 10 à l'issue de notre rendez-vous, après quoi il a regagné son domicile. Rien de tout cela ne paraît faire l'affaire de la « Crime » qui me semble un peu trop décidée à s'acharner contre nous.

Le samedi 28 juillet vers minuit, Gilles, Pascal et moi-même sommes relâchés. Aucune charge n'est retenue contre nous, pas même pour le tapage nocturne. Il n'empêche que dès le lendemain, l'accès aux locaux du G.E.R. nous est interdit et nos armes de service nous sont retirées.

En revanche, nous sommes convoqués chez Bardon qui, à l'instar du préfet de police, est rentré précipitamment de vacances. On rédige un rapport. Bardon a l'air très embêté. Parallèlement à l'enquête judiciaire, une enquête administrative est ouverte sur nous et confiée à l'Inspection générale des services (I.G.S.). Notre véhicule est saisi aux fins d'examen par l'identité judiciaire. Des fois qu'on y trouverait un poil de cul du pasteur Doucé.

Les jours suivants ne sont qu'une succession d'auditions à l'I.G.S. et de prises d'empreintes à l'identité judiciaire. La presse commence à parler de la disparition du pasteur et de la surveillance des R.G. mais sans encore citer nos noms. C'est alors que je sens qu'il se passe quelque chose de pas catholique : malgré le compte rendu de l'écoute qui contredit la date présumée de l'enlèvement, Bondar n'est pas inquiété. Pire ! Tous les soupçons sont attirés sur nous. On est en train de nous coller l'enlèvement sur le dos ! Je prends alors la décision d'aller voir un avocat. Et pas n'importe lequel...

Lorsque j'étais enquêteur à la section recherches et que je travaillais sur Action Directe, un nom d'avocat revenait sans cesse dans nos rapports de surveillance : Jacques Vergès. Nous l'avions placé sur écoute téléphonique et son courrier était régulièrement détourné par nos soins. Les pires bruits couraient alors à son sujet : agent de la Central Intelligence Agency (C.I.A.), il aurait vécu quelques années au Cambodge aux côtés de Pol Pot. Il avait été le défenseur de nombreux terroristes et la section recherches envisageait même qu'il pouvait être le gestionnaire du trésor de guerre d'Action Directe.

J'avoue que l'opinion que j'avais de lui à l'époque était fort négative : pour moi, il se trouvait dans le camp ennemi. Pourquoi, huit ans plus tard, mon choix s'est-il porté sur lui pour assurer ma défense ? Simplement parce que je me suis dit que si des gens comme Kopp, proche du fameux « Carlos », Abdallah, Naccache, ou par ailleurs le président Bongo, Mme Mérieux ou Mme Tsutsumi faisaient confiance à cet homme, c'est qu'ils devaient avoir une bonne raison. Or, désormais, je me trouvais aussi dans la peau d'un accusé. Tant qu'à faire, puisqu'il fallait choisir un avocat, autant prendre le meilleur.

Cette démarche sera sans doute la plus judicieuse des décisions que j'ai prises en trente-quatre années d'existence. Je découvre un homme fascinant, à l'opposé de tous les clichés et de toutes les rumeurs qui forgeaient jusque-là mon opinion. Dès notre première rencontre, il me fait l'effet d'un homme qui considère sa profession comme un véritable sacerdoce : il est avocat comme d'autres sont prêtres, médecins de campagne ou militaires.

A l'issue d'une heure d'entretien, il accepte de me défendre si le besoin s'en fait sentir. Au travers de notre discussion, je sens déjà que nous avons au moins deux valeurs en commun : le respect de la parole donnée et une aversion pour la trahison.

Août 1990. Quelques jours après ma première rencontre avec Me Vergès, Gilles, Pascal et moi-même apprenons que nous avons été mis d'office en congé pour un mois. Il ne nous reste qu'à partir en vacances.

***

Dès notre retour, au début du mois de septembre, nous sommes affectés dans différentes sections. En ce qui me concerne, je me retrouve dans un bureau de l'état-major de la direction avec une seule consigne : ne rien faire. Je me dis que décidément, il se trame quelque chose. Déformation professionnelle oblige, je profite de mon temps libre pour faire ce que j'ai toujours fait : recruter des informateurs. Mais cette fois, c'est pour mon compte personnel. Et mes informateurs sont des policiers. Deux à la police judiciaire et deux aux renseignements généraux, qui me tiendront informé de ce qui se passe, dans la mesure du possible.

Ce qu'ils vont m'apprendre est du plus haut intérêt : le 12 juillet 1990, soit sept jours avant la date supposée de l'enlèvement du pasteur, un cambriolage a été effectué à la librairie « Autres cultures ». L'absence de traces d'effraction laisse penser qu'il s'agit d'un travail de professionnels. Pourtant, le butin est en apparence dérisoire : un appareil photo contenant une pellicule et quelques objets sans importance. Par ailleurs, j'apprends que notre véhicule administratif saisi le 28 juillet et restitué ensuite aux R.G. a été repeint par les services techniques de la Préfecture de Police ! Dans quel but ? Pour couvrir qui ou pour faire croire à quoi ?

Ce que je redoutais commence à se vérifier : il semble qu'une deuxième équipe ait opéré l'enlèvement à notre insu mais en étant parfaitement informée de nos activités. Mon nom et mes méthodes de travail sont connus dans les milieux spécialisés du renseignement : je constitue bien sûr un coupable idéal, le bouc émissaire rêvé.

Oui, mais voilà ! Les faits clament mon innocence : l'écoute téléphonique prouve que le 20 juillet, soit le lendemain de la date supposée de son enlèvement, le pasteur se trouvait à la librairie. Quant au 19 juillet, à 20 h 30, je roulais en compagnie de Gilles et Pascal en direction de Saint-Maur. Toutes les vérifications effectuées par la brigade criminelle ne font qu'étayer mes déclarations, ou du moins ne peuvent les infirmer.

Mercredi 12 septembre 1990. Puisque j'ai pour consigne une inactivité totale, je décide de repartir en vacances. Mais l'après-midi, j'apprends que Bardon et Adam ont eu une longue réunion à la brigade criminelle où mes méthodes de travail ont été évoquées. Je n'en sais pas plus.

Le lendemain, je reçois un coup de fil de mon directeur, Bardon. Il désire me voir d'urgence. Je me rends donc à son bureau. Il est 16 h 30. J'ai un long entretien en tête-à-tête avec lui et, au cours de la conversation, il me dit en substance :

– Si vous êtes mouillé dans l'affaire Doucé, je vous enfoncerai; si vous n'y êtes pour rien, je ferai tout pour vous remettre en selle. En attendant, je puis vous assurer de ma neutralité bienveillante.

Je vois néanmoins dans ses yeux une gêne manifeste. Il ajoute d'un ton monocorde :

– Vous allez d'ailleurs être réentendu par la brigade criminelle. Ils viennent vous chercher.

Effectivement, à la sortie, deux fonctionnaires de la « Crime » sont là. Je serre la main de Bardon et les suis.

Conduit à la brigade criminelle, j'apprends que, suite au coup de feu tiré dans la porte de Didier, je fais l'objet d'une procédure judiciaire pour « violence et voie de fait volontaires avec arme par un fonctionnaire de police dans l'exercice de ses fonctions ».

Je tombe des nues. Comment cet incident que je croyais inconnu peut-il éclater aujourd'hui, soixante-dix jours après les faits ? Personne ne m'a jamais parlé de ce coup de feu, qui n'a jamais été évoqué dans la presse. Comment a-t-on pu remonter jusqu'à moi ? Simple ! Un journaliste guidé probablement par une « inspiration divine » et une grande « conscience professionnelle » s'est rendu la veille chez Pierre Didier, a recueilli son témoignage et lui a conseillé de déposer plainte. Ce que Didier s'est empressé de faire. Or qui, à part Bardon, pouvait savoir que j'étais en rapport avec ce Didier ?

Du même coup, j'apprends ce qui s'est passé le 3 juillet, après mon départ de Sèvres. Contrairement à ce que je croyais, Pierre Didier se trouvait bel et bien dans son appartement, tapi au fond de sa chambre. C'est du moins ce qu'il a déclaré. A la suite de mon coup de feu, il dit qu'il a eu tellement peur qu'il a tenté de se suicider et a été conduit à l'hôpital par police secours.

Et me voilà de nouveau en garde à vue en compagnie de Pascal. Je reconnais sans difficulté les faits qui, dans mon esprit, ne tiennent qu'à une manœuvre d'intimidation. Tirer dans la porte d'un appartement vide ne me paraît pas énorme au vu des méthodes que l'on m'a apprises. Après vingt-quatre heures d'auditions et de perquisitions à mon domicile et à mon bureau, nous sommes déférés menottes aux poings au tribunal de grande instance de Nanterre qui a compétence sur le lieu de l'infraction.

Seulement, cette infraction n'est qu'un épiphénomène. Inspirée par la hiérarchie, la presse se moque comme d'une guigne de mon coup de feu sans victime. Elle me tient pour responsable de l'enlèvement du pasteur. Demain, je serai son assassin.

***

C'est là que le lecteur m'a trouvé à l'ouverture de ce livre. C'est là que, devant madame le Juge Delfosse, je désigne Me Vergès comme mon défenseur, signifiant ainsi que je suis bien décidé à ne pas porter le chapeau.

Je refuse de m'écraser. Plus inquiétant encore pour certains, je suis déterminé à faire toute la lumière. Prêt à foncer tête baissée dans la ligne adverse. Quand on choisit un bouc émissaire, on s'assure d'abord qu'il ne va pas se transformer en bélier.

Que s'est-il passé au juste ? Pourquoi m'avoir envoyé travailler sur une affaire et m'en coller une autre sur le dos ? Car au fond, le dossier pédophilie tel qu'on me l'avait confié ne visait pas la personne du pasteur Doucé. Ce dernier n'était pour moi qu'un point de convergence, « l'animateur » d'un centre interlope où j'avais de fortes chances de pouvoir recruter mon informateur pédophile qui lui-même m'amènerait à un flagrant délit de partouze. Le Centre du Christ Libérateur n'était pas une cible, mais un point de départ. C'est d'ailleurs pour cette raison qu'au soir du 19 juin, je n'avais pas hésité à tambouriner à la porte du local. Je me fichais bien d'affoler Doucé ou même de lui mettre la puce à l'oreille. Doucé ne m'était d'aucune utilité directe dans mon enquête.

Et cependant, lorsque Doucé fut enlevé, tout me tomba soudain sur le coin de la figure. De façon surréaliste. Le pasteur disparu, sur qui se portaient aussitôt tous les soupçons ? Sur l'horrible auteur d'un tapage nocturne à la porte du paisible Centre du Christ Libérateur ! Bon sang mais c'est bien sûr, comme dit l'autre. C'est sans doute ce qu'on appelle de fortes présomptions ! On a le culot de réveiller quelqu'un en pleine nuit, de là à le supprimer, il n'y a qu'un pas ! Les amateurs de déductions policières apprécieront...

C'était tellement gros que, sur le coup, cette accusation ne m'inquiéta pas outre mesure. Elle ne tenait pas la route. Fort de mon innocence, je savais que celle-ci finirait tôt ou tard par éclater au grand jour. Je pouvais justifier de mon emploi du temps, les témoins qui le confirmaient étaient des policiers, qu'avais-je à craindre ? Mais voilà, c'était compter sans un détail de poids : cette accusation n'était pas due au hasard, à un simple concours de circonstances. Ce n'était pas la tuile qui tombe d'un toit sur le passant qui se trouve là au mauvais moment. C'était un coup prémédité, mûri de longue date, et je ne tardai pas à m'en rendre compte.

Il faut dire qu'en la matière, je n'avais rien du néophyte. Enfin quoi, j'en avais organisé des manipulations en douze ans de carrière ! C'était mon métier ! Et en l'occurrence, il aurait vraiment fallu être abruti pour ne pas flairer le coup fourré. D'autant que les signes s'accumulaient.

Premier signe, cette insistance avec laquelle on voulait me faire porter le chapeau en dépit de ce que les faits attestaient mon innocence. On s'ingéniait à me trouver coupable. En revanche, Bondar, le veuf du pasteur, n'était pas inquiété ! Ses déclarations étaient prises pour pain béni alors qu'elles étaient contredites par l'écoute téléphonique ! Pourquoi passer ce fait sous silence, sinon parce que ça arrangeait tout le monde d'avoir trouvé un coupable idéal en la personne d'un « mouton noir » des renseignements généraux ? Il devenait clair pour moi qu'on ne cherchait pas à établir la vérité : il s'agissait de monter une fable plausible, et j'étais le dindon de la farce. Un pasteur homosexuel est enlevé, présumé mort, on fout en taule un flic « facho et violent », qui a outrepassé les ordres de sa mission : scénario clair et limpide que les journalistes et le public s'empresseront de gober. Affaire classée : tout est pour le mieux dans le meilleur des mondes.

Le second signe, c'est l'acharnement de la presse. Ou plutôt, devrais-je dire, son empressement à reprendre les « informations » qu'on lui fournit. En effet, je connais trop bien les moyens de pression qui peuvent être exercés sur des journalistes pour leur faire publier la version de l'histoire qui arrange. Et puis l'affaire était trop belle pour les médias : prendre la défense d'un pauvre pasteur homosexuel victime de tortionnaires barbouzes, c'était aussi gratifiant que de crier « Halte au massacre des bébés phoques ! » Question de principes.

J'en arrivais donc à un troisième signe, le plus inquiétant pour moi, celui qui faisait naître toutes les hypothèses dans mon esprit. Cette réputation de mauvais sujet, de flic aux méthodes inqualifiables, c'étaient mes supérieurs qui se trouvaient en train de l'alimenter. Autrement dit ils ne se contentaient pas de me lâcher, ce qui somme toute fait partie des risques du métier, ils m'enfonçaient ! Quand on veut tuer son chien, on dit qu'il a la rage. Et ils n'y sont pas allés avec le dos de la cuiller ! Ils ont abreuvé les journaux de déclarations ignominieuses sur mon compte. Plus grave encore, le ministre de l'Intérieur et mes supérieurs hiérarchiques refusaient de transmettre au juge d'instruction le compte rendu de l'écoute téléphonique qui m'innocentait, invoquant le secret-défense ! Ma voiture de service, saisie puis restituée aux R.G., avait été repeinte, sans doute pour faire croire que j'avais quelque chose à me reprocher et que ma direction cherchait à me couvrir !

J'allais de découverte en découverte. Cependant, lorsque j'appris que mon coup de feu dans la porte de Didier avait été connu de la hiérarchie policière dès le lendemain des faits mais gardé sous silence, j'eus la sensation de basculer dans une autre dimension. Le problème, dès le départ, n'avait pas été de faire tomber Dufourg, mais de supprimer le pasteur et selon un plan bien précis où l'on avait choisi d'avance l'assassin présumé. Il ne s'était pas seulement agi de trouver un pigeon qui, parce qu'il se trouvait dans les parages de la librairie, pouvait passer pour un coupable vraisemblable : j'avais été désigné dès le début. Et au cas où je refuserais d'endosser l'enlèvement du pasteur, on avait gardé sous le coude l'affaire Didier pour me faire tomber à coup sûr. Car en ressortant au bon moment cet incident, on jouait sur l'amalgame.

La réapparition opportune de l'affaire de Sèvres visait un double but : me désigner comme coupable aux yeux de la presse et faire pression sur moi. Mes manipulateurs savaient que j'étais un pro : en comprenant que j'étais confronté à plus gros que moi, je pourrais éventuellement accepter un marché, du style de celui qui m'a été présenté à la « Crime » lors de mon audition du 27 septembre :

– Si tu avoues l'enlèvement et le meurtre probable de Doucé, tu en prends pour cinq ans et au bout de deux et demi, tu es libre. Si tu refuses, c'est la perpétuité.

Mais voilà, ce « marché », il était arrivé trop tard! Pour jouer à plein, il aurait dû intervenir avant l'éclatement de l'affaire. Si on m'avait dit alors : « Dufourg, vous prenez deux ans et demi et cent briques », j'aurais pu réfléchir. Je ne dis pas que j'aurais accepté, mais au moins c'était une proposition à étudier. Tandis que là, on me mettait devant le fait accompli. C'était comme ça et pas autrement. Et c'est là qu'on commettait une grave erreur : pour fonctionner, une manipulation doit s'appuyer sur la psychologie de l'individu. Et moi, on me prenait à rebrousse-poil! Il faut savoir choisir sa cible. Que voulait-on en l'occurrence : un gogo, un naïf? Et l'on portait son choix sur un ancien de la direction centrale des R.G.! Et de la section manipulation, qui plus est! Autant rêver d'une vierge dans un bordel de Marrakech!

Je décidai donc de reprendre l'initiative. C'est à ce moment que je livrai les noms des personnalités qu'on m'avait chargé de compromettre dans le cadre de mes missions. Quant au coup de feu dans la porte de Didier, sans vouloir me chercher des excuses, je pouvais en révéler de plus belles : des infractions et des crimes de toute espèce, depuis la vente d'explosifs à un groupe terroriste au maquillage d'attentat en passant par la complicité d'assassinats de militants basques espagnols par fourniture de moyens aux contre-terroristes du G.A.L... Je n'avais que l'embarras du choix.

Mais si tout m'amenait à la conclusion qu'il y avait eu manipulation orchestrée, restait un certain nombre de questions décisives. Depuis quand cette manipulation avait-elle été décidée ? Et surtout par qui ? Et pourquoi ?

Je me souvins alors d'un fait qui jusqu'ici ne m'avait pas autrement alerté. Le dossier Doucé n'avait pas été ma première mission à connotations sexuelles. Le lecteur se rappelle qu'au sein du G.E.R., on m'avait demandé de recruter un jeune éphèbe pour compromettre un ministre et un patron de l'audiovisuel. Certes, cette opération n'avait pas été concrétisée mais la coïncidence était troublante. Existait-il un lien entre ces deux missions ?

Quoi qu'il en soit, le pasteur était mort. Qui pouvait avoir intérêt à le supprimer ? Plus précisément qui d'assez puissant, d'assez bien placé pour actionner les rouages de l'État et faire retomber les soupçons sur un agent des renseignements généraux, avec la complicité de ses supérieurs ? D'une affaire de mœurs, mes déductions m'amenaient à une affaire d'État ! Et d'ailleurs, j'avais sous les yeux la preuve qu'il s'agissait bien d'une affaire d'État : sinon comment expliquer ce secret-défense que l'on refusait de lever ? On l'avait bien levé dans l'affaire du *Rainbow Warrior*, pourquoi ne le faisait-on pas pour un pasteur homosexuel ? Sans compter que l'on avait autorisé son concubin à se constituer partie civile, ce qui représentait une grande première dans l'histoire judiciaire.

D'ailleurs, Bondar affirmait que le pasteur avait été enlevé par deux policiers, mais nul n'avait aperçu de voiture de police dans les parages aux environs de 20 h 30. Comment Bondar pouvait-il être sûr qu'il avait affaire à des policiers ? Et comment le pasteur Doucé, rendu méfiant par mon récent « tapage nocturne », avait-il pu suivre aussi naïvement deux inconnus ?

Et puis il y avait ce mystérieux cambriolage effectué à la librairie « Autres Cultures » une semaine avant l'enlèvement du pasteur. Qu'avait-on dérobé ? De l'argent ? Non, un appareil photo. Or, la presse avait dévoilé que Doucé possédait des fichiers précis sur tous les membres, même occasionnels, de son association. De là à imaginer qu'il aurait pu organiser des parties chaudes et exercer ensuite un chantage sur quelques personnalités, il n'y avait qu'un pas. Mais dans ces cas-là, les maîtres chanteurs prennent des risques énormes. A trop pêcher le gros poisson, on finit par tomber sur un requin.

Cette supposition, la presse elle-même s'en fit l'écho. On alla même jusqu'à nommer un personnage proche de l'Élysée, aux mœurs particulières, et qui collectionnait des photos très spéciales. Or, un beau jour, toujours selon les journaux, ces photos auraient disparu. La personnalité aurait fait alors l'objet d'un chantage. On lui aurait intimé l'ordre de remettre de l'argent dans une boîte postale du Nord. Mais le personnage risquait d'avoir réagi. N'avait-il pas parlé de ce chantage à quelqu'un ? Avait-on cherché, avec lui, le moyen de récupérer ces photos, voire d'éliminer le maître chanteur imprudent ? Un pédophile, familier des princes... Le peuple ne comprendrait pas. Étouffons le scandale. Et malheur à celui par qui le scandale arrive.

Restait à trouver « un coupable d'enlèvement et de meurtre », pour le jeter en pâture à la justice. Aux échecs, on appelle cela un sacrifice de pion, un coup qui s'impose quand le fou du roi est menacé. On choisit donc un flic réputé pour ses méthodes musclées, de préférence baptisé sympathisant de droite – tant qu'à faire – on le guide dans le traquenard, on le laisse s'enferrer et on le montre du doigt sur la place publique. Le tour est joué.

Tout ce que je lisais dans les journaux, à quoi s'ajoutaient la rumeur et les confidences de fin de repas, tout cela était-il pure hypothèse ?

***

Quelques semaines après ma libération, Me Vergès et moi-même nous sommes efforcés de rétablir certaines vérités. Car la presse ne s'était pas contentée de se perdre en conjectures sur une personnalité proche du pouvoir : informée par qui de droit, elle s'était aussi régalée sur mon compte durant et après mon incarcération. Et comme mon directeur Bardon, malgré ma demande, avait refusé de me défendre, il me fallait bien m'adresser directement aux journalistes. L'obligation de réserve liée à ma profession ne semblait plus tenir face à une véritable campagne de diffamation.

Pour commencer, Me Vergès et moi avons communiqué mes feuilles de notes administratives aux journaux. Elles prouvaient que je n'étais pas un ripou et qu'au contraire mes supérieurs louaient ma motivation, mon habileté, mon efficacité. A noter que la lettre de félicitations que m'avait adressée Bardon le 15 juin 1990, après la saisie de drogue, félicitations pour « excellentes qualités professionnelles et sens policier digne d'éloges », avait été déjà commentée à la télévision pendant mon séjour en prison.

Ainsi, à force de rencontres et d'explications, Me Vergès et moi-même présentions une autre version des faits aux journalistes et ceux-ci commençaient à modifier leur opinion à mon égard. Pour bien montrer mon désir de faire toute la lumière, je fis une demande d'adhésion au « Comité de la vérité sur la disparition et la mort du pasteur Doucé ». Malheureusement, ma candidature fut rejetée...

***

Me Vergès au demeurant aurait bien voulu pousser plus loin notre enquête personnelle. Lorsque, le 18 octobre 1990, le corps du pasteur fut découvert en forêt de Rambouillet, il me conseilla de demander mon inculpation.

Pourquoi ? Tout simplement parce qu'alors il aurait pu avoir accès au dossier de l'affaire Doucé. J'ai donc demandé mon inculpation au juge Courcol qui n'a pas répondu favorablement à ma requête. Madame le Juge n'a pas trouvé dans le dossier l'ombre d'une charge, ni même la moindre présomption lui permettant de le faire. Pour moi, c'était clair, c'était un brevet d'innocence. Mais c'était aussi, bien évidemment, un refus de relancer l'affaire. M'inculper signifiant que Me Vergès aurait accès au dossier Doucé, on estima sans doute en haut lieu que ce serait laisser entrer le loup dans la bergerie. Ce qui n'est jamais du goût du berger.

Mais puisqu'on craignait de m'exposer à la justice, on allait trouver un autre biais pour me condamner ! Le ministre de l'Intérieur, Pierre Joxe, annonça que je serais traduit devant le conseil de discipline, précisant à mon sujet « qu'un individu de mon genre n'a rien à faire dans la police »! Autrement dit, avant même le jugement, la sentence était prononcée : je devais être révoqué. Dès lors, nous avons décidé avec Me Vergès de ne pas nous prêter à ce simulacre de procès. Le 19 novembre, nous nous sommes rendus devant cette instance pour annoncer que, malgré le respect que nous lui portions, nous récusions ce tribunal, qui ne pouvait se prononcer en toute indépendance.

A la sortie, la presse se fit l'écho de notre décision et nous apprîmes que les quatre représentants syndicaux de la police nationale avaient quitté la séance, outrés par l'attitude désinvolte de l'administration. Celle-ci avait présenté un dossier à l'emporte-pièce, semblant considérer le conseil de discipline comme une simple chambre d'enregistrement. L'enregistrement d'une décision sans appel. Un mois plus tard, un cambriolage sera commis dans le local du Syndicat national autonome des policiers en civil : une quarantaine de dossier vont disparaître... dont le mien. On verrouille de tous côtés, on cherche à étouffer l'affaire Doucé.

Le 26 novembre, Pierre Joxe annonce ma révocation de la police nationale. Que me reproche-t-on au juste ? L'affaire Doucé ? Non, puisque je ne suis pas inculpé. L'affaire de Sèvres ? Non, puisque inculpé et pas encore jugé, je suis présumé innocent. En fait, je suis révoqué pour un crime abject : manquement à l'obligation de réserve. Pendant des semaines, j'ai été diffamé, injurié, traîné dans la boue, et j'aurais dû me taire ? J'ai demandé à Bardon de prendre ma défense, non à propos des instructions en cours, mais à propos de mon passé professionnel. Bardon s'y est refusé. J'ai donc pris la décision de me défendre par mes propres moyens.

Décembre 1990. Je ne suis pas au bout de mes surprises. Mais pour changer, elles se révèlent favorables à ma cause. En effet, pour la première fois depuis le début de l'affaire Doucé, le ministre de l'Intérieur Pierre Joxe déclare au cours d'une émission de radio que « rien ne permet d'affirmer que l'inspecteur Dufourg porte une responsabilité dans l'enlèvement et la mort du pasteur Doucé ». C'est ce que je peux espérer de mieux en guise de réhabilitation. Quelqu'un lui a-t-il ouvert les yeux ?

Plus fort encore ! Durant ce même mois de décembre, Pierre Joxe décide de lever le secret-défense concernant le compte rendu de l'écoute téléphonique datée du 20 juillet. Ce compte rendu est transmis à Mme le Juge Courcol et la presse, dans son ensemble, reconnaît la véracité de mes déclarations en ce qui concerne la teneur de cette écoute.

***

Le vent a tourné... L'invasion du Koweït et la guerre du Golfe ont à juste titre éclipsé l'affaire Doucé. Pour le public, celle-ci sera bientôt de l'histoire ancienne, une de ces énigmes jamais résolues.

Après douze années de bons et loyaux services, j'ai donc été révoqué de la police. Pourtant, je n'en éprouve aucune amertume. D'abord parce que j'ai toujours su que cela faisait partie des risques du métier et qu'il me reste douze ans de souvenirs. Ensuite parce que je ne baisse toujours pas les bras. J'ai fait appel avec Me Vergès de l'arrêté ministériel me révoquant de la police auprès du tribunal administratif. Si cela ne suffit pas, nous irons devant le Conseil d'État et, en dernier lieu, devant la Cour européenne des Droits de l'Homme.

Il n'en reste pas moins que pour l'instant ma révocation demeure. Mais je me dis qu'il vaut mieux être un flic révoqué qui se bat qu'un policier maintenu mais asservi.

Peut-être une page est-elle tournée. Peut-être me suis-je découvert une nouvelle passion, le métier d'écrivain. J'ai d'ailleurs une quantité de projets en tête. L'un de ces projets, – on me pardonnera ce caprice d'autodidacte –, est un petit fabliau dont je voudrais donner un avant-goût au lecteur.

***

Il était une fois, dans une lointaine contrée, un divin marquis qui vivait heureux et comblé, jouissant de l'amitié des maîtres du royaume. Ce marquis avait plusieurs passions, notamment les beaux atours et la grande musique. Mais il avait un péché mignon : il aimait les réunions intimes, de préférence avec de jeunes pages, et il faisait souvent immortaliser ces instants sur des tableautins. Un beau matin hélas, il découvrit que certains de ces tableaux avaient disparu et il en fut fort marri. Lorsqu'on lui proposa leur restitution contre écus sonnants et trébuchants, il prit peur. Allait-on le menacer toute sa vie? Serait-il un jour découvert et perdrait-il alors ses privilèges? Il s'en ouvrit aussitôt à son capitaine d'armes. Celui-ci entretenait d'excellentes relations avec son homologue qui œuvrait au château du roi; ensemble, ils trouveraient peut-être une solution à cet épineux problème.

Le maître chanteur fut occis, on récupéra le bien perdu mais l'affaire faisait grand bruit à la cour et d'aucuns se disaient choqués.

Par bonheur, un malandrin, mauvais sujet, passait par là. On voulut l'obliger à endosser ce crime de grand chemin.

– Que nenni! rétorqua celui-ci.

On le soumit à la question. C'est alors que le pauvre hère, outré de se voir traité comme un salaud, eut un éclair de génie lumineux. Il vendit son âme au diable qui l'arracha à ses tortionnaires. Après quoi, la mémoire des peuples étant ce qu'elle est, tout rentra dans l'ordre dans ce royaume oublieux.

***

Malheureusement je n'ai pas encore trouvé la morale de cette histoire. Mais c'est peut-être qu'il n'y en a aucune.

DOCUMENTS ANNEXES

MINISTERE DE L'INTERIEUR

PREFECTURE DE POLICE

DIRECTION
DES
RENSEIGNEMENTS GENERAUX
ET DES JEUX.

Le Directeur

République Française.

Paris, le 15 JUIN 1990

Monsieur,

Mon attention a été appelée par votre Chef de Service sur le sens policier, digne d'éloges, dont vous avez fait preuve en transmettant avec promptitude aux services concernés une information relative à un important trafic de stupéfiants.

Pour les excellentes qualités professionnelles que vous avez manifestées en cette circonstance, il m'est agréable de vous adresser mes plus vives félicitations.

Ce témoignage de satisfaction sera classé dans votre dossier.

Claude BARDON.

Monsieur DUFOURG Jean-Marc
Inspecteur de Police
Direction des Renseignements
Généraux.

II

NOTES DU Commissaire Principal J.P. MUSY (Chef de service)

(Prière d'indiquer en capitales le nom et la qualité du fonctionnaire qui fournira ces renseignements)

	APPRÉCIATIONS	NOTES
I - Aptitude physique .... (santé - aspect extérieur)	Santé apparemment sans problème. Bonne présentation.	17
II - Tenue - Education - Caractère. .	Tenue correcte. Bonne éducation. Caractère souple et discipliné.	16
III - Culture générale	Niveau correct.	15
IV - Confiance accordée .... (professionnelle et morale)	Totale sur le plan moral. Nécessité un encadrement sur le plan professionnel dans une fonction délicate où il a tout à apprendre.	16
V - Valeur professionnelle ...... (intelligence ; jugement ; caractère ; connaissances administratives ; rédaction ; habileté ; sûreté des informations ; ponctualité ; autorité morale et générale ; aptitude à diriger un service important)	Intelligent, actif, disponible, M. DUFOURG fournit un effet certain pour s'adapter aux fonctions délicates qui lui ont été confiées et dans lesquelles il semble réussir. Apprenant vite, il sera capable dans un avenir proche de prendre des initiatives et de se passer d'un contrôle strict qui lui est encore nécessaire.	
NOTE GÉNÉRALE		14
VI - Fonctions qui paraissent le mieux lui convenir en raison de ses aptitudes et appréciation sur son avenir	Celles qu'il exerce actuellement.	

A PARIS le 30 septembre 19 83

Signature :

POLICE NATIONALE · Direction Centrale des Renseignements Généraux

II

NOTES DU Commissaire Roger DURAN (Chef de service)

(Prière d'indiquer en capitales le nom et la qualité du fonctionnaire qui fournira ces renseignements)

	APPRÉCIATIONS	NOTES
I - Aptitude physique (santé - aspect extérieur)	Excellente. Pratique courante du sport Bonne présentation	17,5
II - Tenue - Education - Caractère	Bonne éducation. Caractère ferme mais discipliné	16
III - Culture générale	Niveau correct	16
IV - Confiance accordée (professionnelle et morale)	Possède la confiance de son chef de service	16,5
V - Valeur professionnelle (intelligence ; jugement ; caractère ; connaissances administratives ; rédaction ; habileté ; sûreté des informations ; ponctualité ; autorité morale et générale ; aptitude à diriger un service important)	Actif et disponible, Mr DUFOURG s'efforce d'améliorer ses qualités dans la recherche du renseignement. Dans ce travail difficile un encadrement est toutefois nécessaire.	15
NOTE GÉNÉRALE		16,20
VI - Fonctions qui paraissent le mieux lui convenir en raison de ses aptitudes et appréciation sur son avenir	Doit-être maintenu dans ses fonctions actuelles.	

A ______________ *, le* ______________ *19* ____

Signature :

II

NOTES DU COMMISSAIRE Roger DURAN (Chef de service)

(Prière d'indiquer en capitales le nom et la qualité du fonctionnaire qui fournira ces renseignements)

	APPRÉCIATIONS	NOTES
I - Aptitude physique (santé - aspect extérieur)	Excellente. Pratique courante du sport Bonne présentation.	18
II - Tenue - Education - Caractère	Bonne éducation. Caractère ferme mais discipliné	17
III - Culture générale	Bon niveau	16,50
IV - Confiance accordée (professionnelle et morale)	Totale	17
V - Valeur professionnelle (intelligence ; jugement ; caractère ; connaissances administratives ; rédaction ; habileté ; sûreté des informations ; ponctualité ; autorité morale et générale ; aptitude à diriger un service important)	Fonctionnaire toujours disponible. Mr DUFOURG apporte le plus grand sérieux aux tâches qui lui sont confiées. Il améliore constamment ses connaissances dans l'intérêt du service. Excellent fonctionnaire.	16
NOTE GÉNÉRALE		17,20
VI - Fonctions qui paraissent le mieux lui convenir en raison de ses aptitudes et appréciation sur son avenir	Doit être maintenu dans ses fonctions. Elément précieux pour le service. Prépare le concours d'inspecteur de Police.	

A PARIS, le 1-10-1975

Signature :

II

NOTES DU Commissaire Roger DURAN (Chef de service)

(Prière d'indiquer en capitales le nom et la qualité du fonctionnaire qui fournira ces renseignements)

	APPRÉCIATIONS	NOTES
I - Aptitude physique (santé - aspect extérieur)	Excellente, pratique courante du sport. Bonne présentation - Aspect extérieur avenant.	18
II - Tenue - Education - Caractère	Excellente tenue. Bonne éducation. Caractère ferme mais discipliné.	18,50
III - Culture générale	Bon niveau	17,50
IV - Confiance accordée (professionnelle et morale)	Totale	18
V - Valeur professionnelle (intelligence ; jugement ; caractère ; connaissances administratives ; rédaction ; habileté ; sûreté des informations ; ponctualité ; autorité morale et générale ; aptitude à diriger un service important)	Fonctionnaire sérieux et consciencieux, toujours disponible - Habile dans la recherche de renseignements. Excellent fonctionnaire.	18
NOTE GÉNÉRALE		18
VI - Fonctions qui paraissent le mieux lui convenir en raison de ses aptitudes et appréciation sur son avenir	A passé avec succès le concours d'Inspecteur de Police - Intègre son nouveau corps en octobre 1986	

A PARIS, *le* 30 SEPTEMBRE 19 86

Signature :

A REMPLIR PAR LE CHEF DE SERVICE

1) ÉVALUATION DU CHEF DE SERVICE DIRECT

ÉLÉMENTS D'APPRÉCIATION (mettre une croix dans la case correspondante)	Supérieur	Très bon	Bon	Moyen	Insuffisant	A déterminer
Moyens physiques	X					
Jugement - Faculté d'adaptation - Curiosité intellectuelle	X					
Faculté d'expression écrite		X				
Faculté d'expression orale		X				
Courage - Maîtrise - Sang-froid		X				
Education - Capacités relationnelles - Présentation	X					
Dignité - Respect de la fonction		X				
Connaissances professionnelles en rapport avec la fonction et le grade		X				
Disponibilité pour le service		X				
Activité déployée - Qualité et rapidité du travail fourni	X					
Aptitude au travail en commun - Sens de l'organisation		X				
Relations hiérarchiques	X					
Initiative - Sens des responsabilités		X				
Confiance accordée		X				

APTITUDES MANIFESTÉES DANS LES FONCTIONS (mettre une croix dans les cases correspondantes)

- ☐ Accueil
- ☐ Circulation
- ☐ Contrôle frontière
- ☐ Ilôtage
- ☐ Ordre public
- ☐ Patrouille surveillance
- ☐ Police secours
- ☐ Sécurité
- ☐ Voie publique
- ☐ Animation sportive
- ☐ Archives
- ☐ Comptabilité
- ☐ Conduite véh.
- ☐ Documentation
- ☐ Informatique
- ☐ Interprète
- ☐ Mécanique
- ☐ Photographie
- ☐ Secrétariat Dactylo
- ☐ Tir
- ☐ Transmission
- ☐ Commandement
- ☐ Direction (concept organis)
- ☐ Encadrement
- ☐ Etat-major
- ☐ Formation (actions de)
- ☐ Délinquance (recherche de la)
- ☐ Etudes jurid. et techn.
- ☐ Gestion
- ☐ Enquête judiciaire (Procéd.)
- ☒ Renseignements (rech du)
- ☐ Instruction
- ☐ Enquêtes économiques et financières

Autres aptitudes ou précisions

ARRETS de TRAVAIL dans les douze mois précédents	HORS SERVICE	EN SERVICE	EXEMPTIONS MÉDICALES	MATERNITÉ
	☐ jours en ☐ fois	☐ jours		☐ jours

OBSERVATIONS ET APPRÉCIATIONS GÉNÉRALES

M. DUFOURG est un collaborateur de grande valeur, qui nous fait bénéficier de l'expérience acquise au cours d'un passé d'Enquêteur couronné de succès.
Intelligent et habile, très motivé, il travaille efficacement et rend des rapports complets et soignés.
Il est très disponible, possède une grande faculté d'adaptation, et prend sa mission au sérieux.
Il paraît digne d'une entière confiance et réussira certainement dans ses nouvelles fonctions.

EN CONSÉQUENCE CE FONCTIONNAIRE SE SITUE (entourez le niveau choisi et cochez le degré d'évolution)

Classement: Parmi les meilleurs	Parmi les bons	Parmi les faibles
7	5	2
	X (4)	
6	3	1

Evolution:
- En progrès ☒
- Stable —
- En baisse ☐

- Il est apte à des fonctions plus importantes: OUI ☐ Sans objet ☒ NON ☐
- Un changement d'orientation serait souhaitable: NON ☒ OUI ☐

Le Chef de Service soussigné certifie avoir donné connaissance de son évaluation à l'intéressé

A Paris le 7 octobre 1988

Signature

Didier ADAM
Commissaire Principal

Le Fonctionnaire soussigné certifie avoir eu connaissance de son évaluation

A Paris le 7 Octobre 1988

Signature

A REMPLIR PAR LE CHEF DE SERVICE

1) ÉVALUATION DU CHEF DE SERVICE DIRECT

ÉLÉMENTS D'APPRÉCIATION (mettre une croix dans la case correspondante)	Supérieur	Très bon	Bon	Moyen	Insuffisant	A déterminer
Moyens physiques	X					
Jugement - Faculté d'adaptation - Curiosité intellectuelle	X					
Faculté d'expression écrite		X				
Faculté d'expression orale		X				
Courage - Maîtrise - Sang-froid		X				
Education - Capacités relationnelles - Présentation	X					
Dignité - Respect de la fonction		X				
Connaissances professionnelles en rapport avec la fonction et le grade		X				
Disponibilité pour le service	X					
Activité déployée - Qualité et rapidité du travail fourni		X				
Aptitude au travail en commun - Sens de l'organisation		X				
Relations hiérarchiques	X					
Initiative - Sens des responsabilités		X				
Confiance accordée	X					

APTITUDES MANIFESTÉES DANS LES FONCTIONS (mettre une croix dans les cases correspondantes)

☐ Accueil	☐ Animation sportive	☐ Secrétariat Dactylo
☐ Circulation	☐ Archives	☐ Tir
☐ Contrôle frontière	☐ Comptabilité	☐ Transmission
☐ Ilôtage	☐ Conduite véh.	
☐ Ordre public	☐ Documentation	☐ Commandement
☐ Patrouille surveillance	☐ Informatique	☐ Direction (concept organis)
☐ Police secours	☐ Interprète	☐ Encadrement
☐ Sécurité	☐ Mécanique	☐ Etat-major
☐ Voie publique	☐ Photographie	☐ Formation (actions de)
☐ Délinquance (recherche de la)	☐ Etudes jurid. et techn.	☐ Gestion
☐ Enquête judiciaire (Procéd.)	☒ Renseignements (rech du)	☐ Instruction
☐ Enquêtes économiques et financières		

Autres aptitudes ou précisions

ARRETS de TRAVAIL : dans les douze mois précédents	HORS SERVICE	EN SERVICE	EXEMPTIONS MÉDICALES	MATERNITÉ
	☐ jours en ☐ fois	☐ jours		☐ jours

OBSERVATIONS ET APPRÉCIATIONS GÉNÉRALES

L'Inspecteur DUFOURG confirme l'excellente impression faite lors de sa prise de fonctions au GER.

Sérieux, discipliné, disponible et dynamique, il prend ses missions à coeur et donne entière satisfaction.

Conscient de ses responsabilités, il se conforme strictement et avec le meilleur esprit, aux impératifs du Service.

C'est un fonctionnaire de grande valeur, digne d'une totale confiance, qui s'est parfaitement intégré à sa nouvelle équipe de travail.

EN CONSÉQUENCE CE FONCTIONNAIRE SE SITUE (entourez le niveau choisi et cochez le degré d'évolution)

Classement: Parmi les meilleurs	Parmi les bons	Parmi les faibles
7	(5)	2
	4	
6	3	1

Evolution	
En progrès	☒
Stable	☐
En baisse	☐

- Il est apte à des fonctions plus importantes — OUI ☐ Sans objet ☒ NON ☐
- Un changement d'orientation serait souhaitable — NON ☒ OUI ☐

Le Chef de Service soussigné certifie avoir donné connaissance de son évaluation à l'intéressé

A Paris le 06.11. 1989.

Signature

Didier ADAM
Commissaire Principal

Le Fonctionnaire soussigné certifie avoir eu connaissance de son évaluation

A Paris le 6 Novembre 1989

Signature

Table des matières

Directrice littéraire : Huguette MAURE
Directeur artistique : Pascal VANDEPUTTE

Cet ouvrage a été réalisé par la
SOCIÉTÉ NOUVELLE FIRMIN-DIDOT
Mesnil-sur-l'Estrée
pour le compte d'Édition•1/Lafon
4, rue Galliera
75116 Paris
en mai 1991

Imprimé en France
Dépôt légal : mai 1991
N° d'édition : 3558 – N° d'impression : 17972
ISBN 2-863-91432-4
49-77-0687-02

49-0687-1